大活字本シリーズ

東京ひとり散歩

池内　紀

埼玉福祉会

東京ひとり散歩

装幀　関根利雄

はじめに

「足の向くまま」の秘訣から始めよう。秘訣といっても、べつだんのことはない。要するに欲ばらないこと。お天気がよかったり、ふところがふくらんでいたりすると、つい欲ばって駆けずりまわる。これがいけない。

あれもこれもではなくて、あれかこれか、あるいはせいぜい、あれとこれ。心あてにするのは一日に一つか二つ。今日はこれ、このつぎにあれ。あとはその日の流れにまかせる。

自分では「ひとり対話」と名づけている。足に合わせて気の向くままに話をする。人とおしゃべり。ただし、相手はいない。いるにはいるが目には見えない。頭の中、記憶の中におさまっている。

日ごろは忘れているのに、なぜか散歩中にあらわれる。こちらから呼び出すこともあって、すぐに出てくる。電話だとしばしば留守にぶつかるが、記憶の相手は留守などしないし、居留守もつかわない。

電車のつり革を握っているときなど、ひとり対話にうってつけだ。ケータイの対話だと、目を据え、せわしなく指を動かさなくてはならないが、ひとり対話は目をつむっていていいし、指などいらない。たとえば初恋の人を呼び出すとする。丸顔で、目が大きくて、髪はあのころはやっていたポニーテイル。笑うと右頬にエクボができた。彼女とはたいていい映画の話をしていた。だからひとり対話でも、つい先だって試写会で見た映画のことを話すとしよう。この間はおのずと二十代はじめの青年になっている。

ひとり対話は超コンピュータ・システムであって、指示しなくても瞬時に相手が変化する。建築写真をやっていた友人がいて、何度も「足の向くまま」の同行をした。いっしょに仕事をしようと話し合っていたのに、さっさと先に逝ってしまった。記憶の超コンピュータでは、死者も生者と同じ存在権をもっていて、いそいそとあらわれる。某著名建築家設計によるガラスと鉄骨のバカでかい建物。ひと巡りしてから、かつて友人がよくしたように、町角に佇み、小指を立てて建物の寸法をはかってみた。

「写真にどうかね」

「まあ、ごめんこうむろう」

いくらデザインが斬新でも、人を威嚇する建物は悪い建築である。カフェでエスプレッソなど注文して、さらに対話をつづけることもある。友人が好きだったイタリアの建築家を思い出して、宿題を一つもらったぐあいなのだ。

十八歳のとき、東京にやってきた。北区滝野川の安アパートが振り出しだった。そのうち板橋に引っ越した。つづいて豊島区雑司ヶ谷。

そのあとが世田谷の三軒茶屋。世帯をもってからは国分寺市、四十代になってようやく三鷹に分相応の家を見つけた。そして――履歴書風にいうと――現在に至っている。

はじめは面くらった。関西の城下町に育ったので、まわりにはいつも目じるしの山があり、町外れには川が流れていた。橋の上に立つと、夕もやの中にお城が浮かんでいた。

ところが東京には、どこにも山がなく、まわりは家ばかり。滝野川に川は流れていなかった。すぐ近くが飛鳥山と知って出かけたが、山ではなくて、ちっぽけな丘だった。目の下をひっきりなしに電車が通る。貨物列車が長々と通過する。不思議な獣のうなり声のように遠いひびきが伝わってきた。

そのうち、気がついた。雑然とした家並みと見えたところに古い瀬戸物屋があって、壺や鉢から笊《ざる》のようなものまで商っている。郷里の城下町でも、とんとお目にかからないような店だった。そこにはまた重厚な玄関をもつ料理屋がまじっていて、夕ぐれ前のひととき、白い割烹着をつけた仲居さんが板間にきちんと正座して、煮魚でごはんを食べていた。

滝野川のアパートの近くに一里塚があって、慶長九年（一六〇四）の年号が刻まれていた。関ヶ原の戦いの四年後、江戸幕府が開かれた翌年にあたる。

少し歩くと古河庭園というのにいき合った。「銅山王」といわれた人の旧邸だそうで、建築家コンドル設計の石づくりの建物があった。

階段状の庭にツツジが咲き乱れていた。

雑駁なだけの駅前と思っていた板橋駅の近くに、ある日、近藤勇と土方歳三の碑を見つけた。板橋刑場跡だそうで、明治と年号があらたまった年に近藤勇が処刑された。八年後、新選組生きのこりの一人が追慕の碑を建てた。

三軒茶屋は風雅な地名とはうらはらに、ただ人と車が多いだけだった。しかし、二つの通りの分岐点に、昔はたしかに三軒の茶屋があって、相模の大山へ詣でる人々が往きかいしていたらしいのだ。近くの太子堂には目青不動尊が祀られていて、ついでにお参りしていった。

現在の三軒茶屋から下北沢は若者の町であって、ジーンズの娘や若者が劇場のまわりにむらがっている。近くに松陰神社があって、安政の大獄で処刑された吉田松陰や頼三樹三郎《らいみきさぶろう》が眠っている。そういえば幕末の志士たちは、江戸の終わりのジーンズ族といっていい。

雑司ヶ谷には、けっこう長くいた。少し歩くと鬼子母神《きしもじん》の境内にきた。樹齢五百年とかの大イチョウがそびえており、人よんで「子授けイチョウ」、あるいは「子育てイチョウ」ともいって、若い母親が乳母車を押してやってくる。ヘソの緒を納めるお堂があって、薄暗いなかに白い箱がぎっしりとつまっていた。十月のお会式にはうちわ太鼓が鳴りひびき、大祭ともなると数百の提灯がともされた。

池袋の繁華街から、つい目と鼻のところなのに、まるで別天地のようにちがっていた。雑司ヶ谷を横切り、いまもチンチン電車が走っていて、「面影橋」という、やさしい名前の停留所がある。ある夜、線路のかたわらを歩いていて、町工場の入口のようなところに石碑を見つけた。街灯にすかして見ると、「山吹の里碑」だった。太田道灌が鷹狩りにきて、にわか雨にあい、農家の娘に蓑を借りようとしたところ、娘が古歌に託して山吹の小枝を差し出したとか。

「――みのひとつだになきぞかなしき」

突然、古江戸と対面したぐあいで、しばらく暗い通りにボンヤリと佇んでいた。

まったくおかしなところなのだ。ここには地方都市の大半が失ってしまったような年中行事が厳然として生きている。一月は鳥越神社のどんど焼、亀戸天満宮のうそかえ神事、二月はだるま市、柴又帝釈天の庚申祭。巣鴨のとげぬき地蔵は四の日ごとに老幼男女の「幼」を除いた人たちで大賑わい。五月は神田祭に浅草の三社祭、六月は山王さま、七月は入谷の朝顔市、ほおずき市……。

吹く風が冷たくなると、しょうが市、べったら市、お会式、酉の市、ボロ市、羽子板市、しめくくりが歳の市。

イタリア料理やインド料理のかたわらに名代のソバ屋ののれんがひるがえっている。ギリシャ料理店で地中海の珍味を食べ、スペインのシェリー酒を飲み、スイス渡来のチーズをつまみ、その足で根岸の豆腐料理に寄ることもできる。

いせ源のあんこう鍋、ぽん多本家のトンカツ、中江のさくら鍋、鳥安の合鴨、ぼうず志ゃものしゃも鍋、駒形どぜう、扇屋の玉子焼、ももんじやの猪鍋。この巨大都市の胃袋は小人国に流れついたガリヴァーのように何だって呑みこむだろう。一度に百人前をたいらげる。

しかし、はじめに述べたとおり、「足の向くまま」の秘訣は欲ばらないこと。今日はこれ、つぎのときにあれ、それで十分。

武蔵野の一角に住みついていてわかったのだが、近所の酒屋は越後の生まれで、「越」のつく酒を棚にズラリと並べている。電気屋のおやじはいまだに秋田訛が抜けない。パーマ屋の女主人は甲州の出身。もう一軒の酒屋は「伊勢屋」だから、もとは三重から来たのだろう。薬局の主人は信州人。

半身にしっかりと「お国」をかかえている。町もまたそうであって、年末になると、きまった植木屋がやってきて、家々の戸口に年越しのお化粧をする。駅前の饅頭屋の店先では、いつ見ても蒸籠《せいろ》から白い湯気がふき上がっている。総ガラスのビルの並びに、しもた屋風の家があって、「綿打ち直します」の古看板が立っている。およそちぐはぐな風景だが、わが国そのものが何かにつけてちぐはぐを原則とし、とりわけ首都とよばれるところは、この手のちぐはぐさを唯一の特色としてきたかのようなのだ。

ところが冬の夜ふけ、へんに冷えついた一日の終わりごろ、「ピュー」といった風音のすることがある。ドッと屋根をゆるがすように強まったかとおもうと、つぎにはハタとやみ、一呼吸おいてまた音高く吹きつける。隣家のベランダの物干し竿がカン高い音をたてて落下した。

翌朝のニュースに「筑波おろし」などの聞きなれない言葉がアナウ

ンサーの口から出たりする。かつて江戸の人は火事におびえながら、天地をゆるがすようにして吹きつけてくる風音を聞いていた。暖冬の時代になって、もうめったに立ち会えなくなったが、未知の風土がチラリとのぞいたりする。

いちにち散歩のしめくくりは、居酒屋でのひとり対話。いろいろな思いがめぐっては消え、明察があらわれては行方不明になる。とりたてて覚えておく必要もない。足と同じように頭もまた自由なのがいい。

わが頭のサイズは五十二センチ。地球の円周がどれぐらいか知らないが、時空を自在にとりかえることができるのだもの、この頭は地球よりはるかに広い。他人から見ると一人の呑ん兵衛にすぎないが、いちにち散歩の王さまが現実と夢のいりまじった、とびきりゼイタクな時間をたのしんでいる。

東京ひとり散歩　目次

II　お江戸今昔

III　密かな楽しみ

Ⅳ よそ者たちの都

イラスト◎池内　紀

Ⅰ 見知らぬ東京

ストック・イクスチェンジ——日本橋兜町

やってきました。ここ、日本橋兜町。ニッポン資本主義の総本山、東京証券取引所のあるところ。そこでは一日に何十億、何百億もの金額がこともなげに動いている。

——かどうか、実をいうとあまり自信がない。これまで証券や株とは、まるきり縁なしに生きてきた。それがいかなるもので、どんなふうに取引されているのか、さっぱり知らない。

それでもこれまでの生涯に、一度だけ証券会社とかかわりができたことがある。教師をしていたころのことだが、教え子がオカサン証券に就職した。

「オカサン――ショーケン？」

電話口で問い直した。社名が奇抜な気がしたからだ。そして自分が知るのは野村證券だけであると述べると、野村だけでなく、ほかにもいろいろ証券会社があると教えてくれた。山一、日興が野村と並んで最大手だとか。

「ヤマイチ？」

山に一で山一證券。ヤマニというのもあって、山二証券である。オカサンは罔に三と書くそうだ。ヤマやオカに数字を振って社名にするなど、フシギな業界があるものである。

つづいて教え子は妙なことを言った。たとえ小金がたまっても株など決して買ってはならぬ。

「センセイは郵便局の定額にするのですヨ」

シロウトが株に手を出しても儲からない。

「儲けるのはワレワレだけですからね」

取引をする当事者ではなく、仲介の会社が儲けるだけとは、やはりフシギな業界にちがいない。もともと関心がないところへ、負うた子に教えられであって、専門家から貴重なアドバイスを受けたので、証券類とは縁のないまま今日にいたった次第である。

東京証券取引所、略して「東証」。そこにはインフォメーションセンターがあるというので、さしあたりそちらに足をのばした。しかしまるでかかわりがないということは、インフォメーションを受ける手がかりもないわけで、しばらくボンヤリ突っ立っていた。それから、勇を鼓して「証券のことを知りたい」旨のことを伝えると、見学は自由だから正面に廻れとのこと。

正面玄関には太い柱に紅白の幕が巻いてあった。「東証 Arrows」とあざやかなカラーのデザインがされている。アローはたしか「矢」であったが、そういえば二本の赤い矢が飛びかい、さらにイニシャルのAは矢が飛ぶかたちになっている。建物が新しくなり、コンピュータが導入され、おなじみの指先でサインを送る立会いがなくなったそうだが、それを機会に「矢」がシンボルマークになったのだろうか。株価がめまぐるしく変動する。世界状勢は弓から矢が放たれた瞬間と似たものがあり、どこへ飛ぶか誰にもわからない。その点、株と矢は双子の兄弟のようなものともいえる。

ひとり感心しながら入っていくと、すぐさま制服の人によびとめられた。手荷物検査を受けなくてはならない。ほんのちょっと見物するだけでも飛行機に乗るときのような検査がある。制服の中学生や高校生がつぎつぎとやってくる。団体見学は美術館や博物館だとばかり思っていたが、今日このごろはゴッホやミレーよりも証券取引に人気があるらしい。

フロアに等身大の黒いブロンズ像が四体並んでいる。大きな写真が掲げてあってわかったが、旧の建物を飾っていた。以前の東京証券取引所は正面が優雅な半円形で、ギリシャ様式の円柱が並んでおり、そこにブロンズ像が配されていたわけだ。ギリシャ様式の建物のなかで立会人がひしめき合ってサインを送り合っていたのかと思うと、やはり異様な業界にちがいない。

立会場にはネオンサインのような赤い数字が並んでいる。それがやにわに少しばかりふえたりへったりする。ただそれだけ。

しばらくながめていたが、自分と関係のない数字というのは空しいかぎりなので、まわれ右をして出口に向かった。気がつくと取引所滞在は十分たらず。

「日本橋界隈と青春期の私とは、切っても切れぬ関係がある」

『鬼平犯科帳』で知られる池波正太郎は、小学校を出るなり株式仲買店の小僧になった。はじめの店は茅場町にあって、つぎは兜町の店に移った。店の人から正太郎少年は「正どん」とよばれていた。ほどなく仲買業に精通し、やがて店主にかくれてこっそりと相場を張ったりしたそうだ。

それはイケナミさんの話であって、こちらイケウチさんは「相場を張る」といったこと自体が何のことだかわからない。さきほどは気づかなかったが、インフォメーションセンターの向かいに小さな神社があり、兜神社といって、名前からも兜町の守り神と思われる。なんでも源義家が奥州征伐の帰途、古例に従い兜を埋めて塚を築いたとか。資本主義の勇者たちは、日夜お参りして兜の緒をしめ直しているのではあるまいか。

そのはずであるが、神社はビルの真下にあり、片方には高速道路が突っ走っていて、なんだか居心地が悪そうだし、あまり人が訪れる気配もない。ただ木の開き戸に「兜」の一字が浮き彫りになっていて、洗ったように美しい。

すぐわきのビルは日証館といって、その位置からも、また品格のある建物のつくりからも、それ相応の由緒があるのだろう。証券会社、法律事務所、公証役場など、職種が微妙にからみ合ったのが一つ屋根をともにしている。そこに「印紙・切手販売所」の混じっているのがほほえましい。「文具タナベ」も同居の仲間で、「億」の取引であれ、やはり印紙や文具がないと結着をみないとみえる。

山和証券、前田証券、共和証券、金十証券、丸大証券……。ほんの一つ、二つの通りをのぞいただけだが、ズラリと証券会社が軒を並べている。明和證券、永和証券、三木証券、十字屋証券、成瀬証券。教え子の就職した岡三証券。あのときおそわった山一證券はたしか債務超過で消滅したが、山に二の山二証券はアール・ヌーボー調の優雅なビルに健在である。野村證券はとりわけ大きなビルをかまえている。

山に一や二や岡に三の社名が何に由来するのか知らないが、やはり命名にも時代の流行があるようで、ユニマット山丸証券は新旧の組み合わせ、ネットウィング証券は当世風のカタカナ式、日興フィナンシャル・インテリジェンス・コーディアル・コミュニケーションズといった長い社名は何によるのか不明だが、「インテリジェンス」を含め、しかるべき根拠をもつにちがいない。会社によっては入口に「東京証券取引所総合取引参加者」なるおごそかな金看板が掲げてある。資本主義の総本山もシステムからすると参加者方式で運営されているらしい。

ビルの谷間にもう一つ神社があって、こちらは大手の日枝神社の分社である。ズラリと明記された「祈願」のところに商売繁昌や厄除のほか、「心中祈願一々成就」の意味深長な一つが入っている。商売敵を出し抜くためには、目論見をかたく秘めて、心中ひそかに祈るといったケースもあるのだろう。

ネクタイにワイシャツ、上着なしの人が体操をしている。タバコをふかしている人、ケータイで電話中の人、ポータブルのパソコンをたたいている人。いずれもネクタイにワイシャツで上着なし。会社を抜け出してきたようだが、「心中祈願」といったワケありげには、とても見えない。

ぐるりと一巡して小広場のわきに出た。裸像が三体、寄りそって立っている。等身大の女性で、乳房のふくらみ、腰のポーズ、お尻の張りが生々しい。どうして証券街に裸像が据えられたのか、これまた不明だが、資本主義の論理にもとづく秘められた意味があるのかもしれない。

あらためて「東証」の矢のマークを見上げると、東京証券取引所に英語が添えてあって、Tokyo Stock Exchange とある。しばらくキツネにつままれた思いで佇んでいた。ストックというのは、「貯え」があるというときのあのストックだろう。とすると東京証券取引所というとエラそうだが、各証券会社がストックしている証券を交換するところというだけのこと。子供のころビー玉やメンコがたまると、子供同士で交換をしたものだ。あのストック・イクスチェンジの慣わしとさしてかわらないことになる。「相場を張る」というのも、つまるところ「メンコを張る」と同じ原理ではあるまいか。

兜神社わきの高速道路は日本橋川の上にそびえている。すぐわきの橋が鎧《よろい》橋。

「私が株屋の店員になったころは、この鎧橋の鉄橋を毎日のように渡ったものだ」

橋を渡ると蠣殻《かきがら》町である。兜町の店の店員「正どん」が、どうして毎日のように橋を渡ったのか？　本来の勤めには用のない橋であって、こっそり「相場を張る」には地元ではマズイ、それで隣り町へ移動した。メンコのガキ大将が隣り横丁へ出かけていったぐあいである。

橋のたもとの説明板によると、昔の武将がここで鎧をどうとかした由来をもつようだ。説明文にそえて、詩情あふれる「鎧の渡し」の古版画が掲げてある。現在は巨大な何層もの高速道路が横切り、上も下もひきもきらず車が突っ走る。紙袋やケータイを握った背広姿がせわしなく通っていく。

気がつくと小腹がすいて、足もやや疲れぎみ。そんなとき「正どん」は屋台のシューマイ屋で、小さなシューマイや揚げワンタンにかぶりついた。相場メンコでポケットがふくらんだときは、フンパッして「泰明軒」の洋食を食べたとか。ついては池波センセイにあやかり、おなじみのカツレツでビールを飲んで帰るとしよう。

ホウジンの森――紀尾井町・平河町

大学野球ではジングウの杜《もり》という。早稲田の校歌は都の西北、ワセダの森をうたっている。では「ホウジンの森」とは何か？「財団法人」「社団法人」の略称であって、さまざまな名称のホウジンが、うっそうとした森をつくっている。所は永田町の西北、紀尾井町から平河町あたり。

おおよその見当をつけて家を出た。冬の陽ざしがときおり雲でとぎれたり、射し落ちたり。ＪＲ四ッ谷駅下車。上智大学を右に見て、新宿通りを東に向かった。ときおり音を立ててカラッ風が吹き抜ける。

さしあたりは麴町だが、四丁目の角を右にまがると町名がかわり、右手が紀尾井町、左手が平河町。中を走るのが「プリンス通り」。同じ通りの南端の巨大ホテルにちなんでいる。四ヵ国語のおシャレな道路案内によると、中国語ではプリンス通りを「王子大街」と書くようだ。

右手の小路に折れこんだとたん、すでに森に入ったらしく、財団法人・全国防犯協会連合会、社団法人・全国少年補導員協会、財団法人・日本農業研究所、財団法人・日本船用品検定協会、財団法人・都市計画協会……（以下、ツノ書きは略）。

目を上げると、背くらべをするように二つの高層ビルがそびえていて、一つは全国都市会館、もう一つが日本都市センター会館。どの点でどうちがうのか不明だが、どちらも財団法人で、その中に土木建築厚生会といった財団法人が居をかまえている。

おりおり大きな木の幹にべつの木のタネが落ちて、そのままどんどん育っていたりするが、森における「共生」のシステムによるらしい。カラッ風にビル風が加わって足元をすくわれ、あわてて平河町方面へ逃げこんだ。ゆるやかに下っていて、こころもち風当たりが弱い。森にもその点が好都合なのか、いちだんと密生している。

社会環境研究センター、全国土地改良資金協会、道路環境研究所、全国土地改良事業団体連合会、駐車場整備推進機構、全国治水砂防協会、砂防フロンティア整備推進機構、地域総合整備財団、区画整理促進機構、バリアフリーシステム開発財団……。

トドマツとアカマツとカラマツがちがうように、こちらもちがいがあるのだろう。川端のヤナギにも、ケショウヤナギ、シダレヤナギ、ウンリュウヤナギ、キツネヤナギなどといろいろあるそうだから、ホウジンの森でも、つぎつぎと新種が生まれて不思議はない。

雑居ビルでは入居者を標示するのに二つの方式がある。一つは建物の角から階ごとに標識を突き出すかたち。もう一つは入口に細長い標示板をズラリと掲げるスタイル。厳密にいうと後者はさらに、建物入口に標示板を掲げているのと、中のフロアに掲げているのと二種にわかれる。
引揚者団体全国連合会、知的財産情報センター、日本公園緑地協会、自動車事故対策機構、交通事故総合分析センター、全国肉用牛振興基金協会、海外広報協会、全国市有物件災害共済会、国際建設技術協会、日本置き薬協会……。

ビルを見上げたり、壁の標示板にあたっていると、首筋が疲れてきた。いつしか黒っぽい雲が空を覆って、午後まだ早いというのに夕方のように薄暗い。身を切るように冷たい風が巻くようにして吹きつけてくる。手近の珈琲チェーン店にとびこんだ。熱いのをひと口すすったら、なぜか涙とも水バナともつかぬものが、やにわにドッとあふれてきた。

紀尾井町は江戸のころ、大名屋敷が占めていた。紀伊和歌山、尾張名古屋の両徳川氏、また近江彦根藩井伊氏の中屋敷が並び立ち、三家の頭文字をとって、明治の初めに紀尾井町と命名。

平河町は一丁目の平河天満宮にちなむことはあきらかだ。由緒略記が掲げてあって、太田道灌が川越の天神を江戸城内に勧請したのにはじまり、二代将軍秀忠が当地に奉遷の上、地名を平河町と名づけたとか。古書によると平河天神前には何軒もの「獣店《けだものだな》」があって、けっこう繁昌していたそうだ。格式の高い大名家で肩のこるつとめをしている下っぱの士が、こっそりくらっていたのではあるまいか。

「猪肉を山鯨と称し、鹿肉を紅葉と称す。熊、狼、狸、いたち、きねずみ、猿などの獣類店に満ちて……」

紀尾井町、平河町とも将軍家に縁の深い土地であって、その関係は現代にも生きている。全国都市会館、日本都市センター会館のほかにも、すぐ近くには都道府県会館、全国町村会館の高層ビルが向かい合っており、永田町・霞が関のまさにお膝元。陳情組、上京組が会館に泊りこみ、現代の将軍たちのもとへと日参する。

江戸の大名には将軍家との血縁その他で、親藩、譜代、外様の区別があったし、加賀百万石の大藩もあれば、石高一万なにがしの小藩もあった。現代もその手の区分けなり区分なりが踏襲されていて、役人衆が天下りするとき、おのずから行く筋が定まってくる。その際、「猪肉を山鯨と称し、鹿肉を紅葉と称す」など当たり前——。

珈琲のおかわりをして、あらためてメモをながめてみた。ホウジンの森の特徴といったものが浮かんでくる。たとえば所在地だが、一つのビルにいくつもの団体が入っているケースはめったになくて、ビルごとにせいぜい一つ、この森の住人は同類の同居を好まないようである。

入居階は一階や最上階はまずもってなくて、三階、四階といったあたりが圧倒的に多い。なるたけめだたない階を選んだぐあいなのだ。標識の点でも一定の傾向があるようで、角に突き出すスタイルが一番わかりいいと思うのだが、むしろこれが一番少ない。おのずと建物の入口、あるいはフロアの標示板となるわけだが、ビルには十も二十も会社や事務所が入っている。その中にひっそりと㈶㈳と頭についたのがまじりこんでいる。この点でもフロアの選択と同じく、「めだたない」という観点から採用されたように思えてならない。

ほかにも興味深い点がある。名前に英語が添えてあるケースが多いのだが、そこになぜか微妙なズレが見てとれるのだ。

海外広報協会

Japan Center for Intercultural Communications

外務省管轄の組織のようだが、どのような外交的配慮があって和名と英語名とがこんなにちがうのだろう。

地域総合整備財団は（ふるさと財団）とカッコして補ってある。「地域総合整備ではあまりにお役所的ではないか」といった声が理事会で出て、協議をかさね、関係者にもはかった上で、「ふるさと財団」

と補足することに決定したのではなかろうか。「地域総合整備」がどうして突然「ふるさと」になるのか不可解だが、財団関係者には了解がつくことなのだろう。ちなみに英語名はつぎのとおり。

Japan Foundation For Regional Vitalization

おしりの単語をながめていると、なぜか急に中学のときに習った英単語を思い出した。vitamin と書いてビタミンではない。「ヴァイタミン」と発音する。まちがえやすいから、きっと試験に出ると見当をつけたものだが、ふるさと財団を総務省などの天下り機関とまちがえてはなるまい。これは地方にビタミンならぬヴァイタミンを配るところなのだ。

日本国際生活体験協会

Japanese Association of the Experiment in International Living

やはり何ごとも体験してみるものである。

平河町から道路をわたると、永田町一丁目。全国町村会館は白亜の十六階建て。会議室3、ホール1、客室全一五四室、レストラン、和食処、売店完備。

会議予定表にいくつもの札がさがっていて、ならやら人の出入りがあわただしい。ロビーのソファーには黒服の四人組、膝に書類をひろげて、何やら打ち合わせ中。

「本庁に電話入れた？」

一番の年かさが若手に声をかけた。

「直接はまずいでしょう」

「よかよか」

急に方言まじりになって、きれぎれにやりとりが聞こえてくる。役所語というのだろう、「上の線にのせる」「ちょっと苦しい」「もうひと押し」。そのうち、年かさが靴をぬいだ。日ごろ郷里の職場では、サンダルスタイルではあるまいか。

「課長は水虫ですか？」

若手がまじめ顔できいて、しばらく日本人と水虫についての雑談になった。

「あッ、しまった！」

若手がすっとん狂な声をあげた。係長に連絡するのを忘れていたという。

「まだ五時半ゾ、電話かけネ」

靴下の上から足を掻きながら課長がいった。

ほどよく暖房のきいたフロアは気持がいい。ソファーもみるからに高級品で、すわりごこちが絶妙だ。寒風にもまれたあとの疲労もあって、ボンヤリすわりこんでいると、やにわに上から叱声をあびた。

「ドギャンしとるネ。こんなところで。部屋でメモ書きのつき合わせをしとるはずジャロが」

人ちがいとわかり、先方さんは平謝り。むしろこちらが悪いのだ。この世の居候が町村行政の大奥にたむろしていては、ご迷惑。

「よかトデス」

小声で呟いて、やおらよっこらしょと腰を上げた。

日本の未来――霞ヶ関

一通の手紙が舞いこんだ。封筒に『ねんきん特別便』です」と太字でしるされ、「あなた様の年金加入記録をお届けします」とある。べつにあなた様が依頼した覚えはないから勝手に送ってきたわけだ。送り主は社会保険庁。その業務センターの一つの住所つき。

封を切ると二色刷の説明書が出てきた。冒頭に「この度の年金記録をめぐる問題」について、お詫びが述べてある。こんな場合、送る側のトップが詫びるものだが、社会保険庁の長官ではなく、「厚生労働大臣　舛添要一」とある。本当のトップはこの人らしい。なぜか名前が筆文字で署名されている。元は筆であれ印刷した刷り物にかわりはないのだから無意味だと思うのだが、せめて直筆をお目にかけて誠意を示したということらしい。おかげで右上がりの書きグセのある人だとわかった。

もう一つ、わかったことがある。遠い記憶をよびさまされた。厚生労働大臣は厚生労働省の大臣であり、厚生労働省は以前は厚生省といった。そこでいちど仕事をした。大学院生のときで、ドイツの労働関係の冊子を訳して届けにいった。

当時、ドイツは東西に分かれていて、東の方の国の出したものだった。どうしてそんなものを訳すことになったのか、その点は曖昧だが、謝金を受け取ったときのことは、鮮明に覚えている。官庁などとは、まるで縁がなく、ただいちどきりの体験だったせいだろう。

受付で名前を告げると、痩せた貧相な感じの人がやってきた。昼どきだったせいか、職員食堂で定食をおごってくれた。受け渡しの段になって気がついたが、領収書の数字が実際の額の倍になっている。「専門的校閲とリライト料込み」と、その人は説明した。納得してハンを捺した。

すっかり忘れていたころ、文書風にとじられたのが送られてきた。一字一句、わが原稿のままである。首をひねっていて、そのうち思いあたった。厚生省某氏は、受け取った原稿を印刷にまわす手続きによって、貧しい院生の生活費ひと月分相当を手に入れたらしいのだ。

銀座はよく銀ブラをする。霞ヶ関は地下鉄だと銀座の一つ手前。乗りなれたコースだが霞ヶ関駅は勝手がちがうので、地上に出てからしばらくボンヤリ佇んでいた。

案内図によると厚生労働省は中央合同庁舎第5号館に入っている。べつに遠い昔の領収書の件をただしたいのではなく、歩き出す手がかりにしたまでである。

庁舎正面の大きな標識によって「合同」の意味がわかった。第5号館には内閣府、厚生労働省、環境省が入っている。この三つは同じ大きな文字だが、厚生労働省に添えて小文字で社会保険庁とある。省と庁との力関係が文字のサイズからひと目でわかる。

「用務の無い方は敷地内に入らないで下さい」

用務がないので敷地外に立っていた。

「次なる行為は禁止」

凶器、旗、のぼり、ゼッケン、腕章、拡声器……どれも所持してはいけない。面会の強要もダメ。こちらは古い記憶を所持しているだけで、面会を求めないので禁止項目に該当しない。注意や禁止は「厚生労働省大臣官房会計課長」の出したものだ。こういう事項にどうして会計課が出てくるのか不思議だが、たぶん霞ヶ関規定ではそのようになっているのだろう。

となりの合同庁舎第6号館は法務省が入っていて、親分に対する子分といったふうに、小文字の公安調査庁がくっついている。

「立入禁止」

同じく敷地内に入るナカレでも、こちらは四文字のみ。きっと法務省大臣官房会計課長はこういう表現が好きなのだ。

はじめて知ったが、法務省のある辺りは、米沢藩上杉家の江戸藩邸があったところだそうだ。すぐ前の内堀をはさんで桜田門。日本史の授業で「桜田門外の変」をならった。近江彦根藩主井伊大老は藩邸を出てすぐのところで浪士に襲われたと聞いたから、上杉家と並んで彦根藩の藩邸があったのだろう。「大老」というからすごい年寄りだと思っていたが、たしかまだ四十代半ばだった。

法務省のとなりが裁判所合同庁舎で、東京高等裁判所や東京簡易裁判所が入っている。その正面わきの歩道に、オートバイ、拡声器、三枚がさねの告知板が据えてある。

「ご自由にお持ち下さい」

オートバイのうしろの席に文書がゴムバンドでとめてあった。なにげなく足をとめて読みかけたら、わきから声をかけられた。沢山あるから、どうぞとのこと。「沢山ある」を証明するようにショルダーの袋をあけて見せてくれた。たしかに束になってつまっている。ひとの好さそうな中年の男の人。

主文

本件抗告を棄却する。

抗告費用は抗告人の負担とする。

少し離れたところで立ち読みしたところ、ことが判明した。最高裁判所第三小法廷裁判長名による決定がコピーにしてとじてある。ついでに「判決への反論」も立ち読みしたところ、ことの経過もわかってきた。借地に住んでいた人が地主に明け渡しを求められ、裁判に訴えたところ地裁で敗訴。控訴して敗訴、上告して棄却。再審四度すべて却下、許可抗告に訴えて不許可、特別抗告に訴えて棄却、特別抗告判決に対する再審を求めて却下。

かたわら最高裁長官を被告とする行政訴訟をおこして却下、再審却下、上告棄却。その裁判官四人を被告とする原審、控訴審、上告審とも、却下、却下、棄却。日付によると、最初の裁判より十年の歳月が流れている。

ひとの好さそうなオジさんを、しばらくまじまじとながめていた。三枚がさねの告知板は、経過を簡明に要約したものだとわかった。拡声器は敷地外なので会計課長にもどうにもならないとみえる。

世の中には、またとない情熱の人がいるものだ。味けない官庁通りでバルザックの小説に出てくるような人と対面するとは、つゆ思わなかった。

桜田門の警視庁は知っていても、そのななめうしろに国土交通省のビルがあるのはごぞんじないだろう。霞ヶ関全体は山手台地と下町の低地にまたがる地形にあるが、国土交通省のビルはそのちょうど境界にあたるらしく、坂を深く掘り上げたかたちで建てられている。

そのため眼下に広大なコンクリートの平地がひらけ、正面玄関がよく見える。つぎつぎと黒塗りの車がやってくる。玄関では黒服のグループが慌ただしく出入りしている。用をすませたグループが、つれだって「敷地外」へと出てくる。そのやりとりから地方からの陳情組であることがわかった。用を終えると急に緊張がとけるらしく、しきりにお国言葉が出てくる。

「向こうさんもイロイロ事情があるキャア」

「もう固定したがネ」

「単なる憶測ゾ」

大正四年（一九一五）に出た永井荷風の東京散策記『日和下駄』では、霞ヶ関が「坂」の章で語られている。

「折あって九段坂、三田聖《ひじり》坂、あるいは霞ヶ関を昇降する時には覚えずその眺望の大なるに歩みを留めるではないか」

九十年あまり前の散歩者にとって、霞ヶ関は大東京を見はるかす高台へ出るための坂の一つにすぎなかった。いまやそこを並び立つ庁舎群が壁のようにさえぎっている。どの建物も冷ややかで、ものものしく、居丈高に見えるのは、それぞれが権力の砦、利権の城郭として造られているからではなかろうか。

農林水産省、外務省、財務省、経済産業省、文部科学省——。当事者にはどこに配属されるかが天下の一大事なのだろうが、平成の日和下駄には、べつにどうということもない。

なぜ経済産業省のビルは合同庁舎ではなく総合庁舎なのか、正面の標識をながめながら考えた。産業経済省――いや、ちがった、経済産業省の大文字の下に資源エネルギー庁、原子力安全・保安院、特許庁、中小企業庁の四つが小文字組としてついている。ほかに経済産業研究所、産業技術総合研究所、工業所有権情報・研修館が入っているが、すべて経済産業省関連のものなので合同ではなく「総合」となるようだ。それにしても経済産業研究所と産業技術総合研究所とがどうして別口でなくてはならないのだろう？

人事院の掲示板に「日本の未来を創る特別講演」の案内ポスターが張り出してあった。「日本の未来に興味がある方、自分で何かを創り出してみたい方」に向けてのもので「予約不要・服装自由」。わざわざ服装自由をいうところがなんともおかしい。

文部科学省の前でヘンな列とぶつかった。いずれも老夫婦で、羽織はかまに和服の夫人、モーニングに洋装の老夫人。老人の胸元を大きな勲章が飾っている。何かの授与式が終わったところのようだ。

先頭の老人は顔がこころなしか元勲中曽根康弘氏にそっくりだ。つぎの車椅子の人は額のぐあいと口元が元首相福田康夫氏とウリ二つ。そのつぎの人は故竹下登元首相のように小柄で、しぼんだような顔つきである。

勲章をもらう人はどうして元首相たちとそっくりなのか。「日本の未来」につくすと、どうやら顔まで似てくるらしい。

濹東綺譚——向島

隅田川には両国から浅草にかけて、ほぼ等間隔に橋がかかっている。両国橋、蔵前橋、厩橋、駒形橋、吾妻橋、言問橋の六つ。その土手は三つ分ばかりのへだたりをとって白鬚橋《しらひげばし》だ。この間があきすぎていて不便だという声があったのだろう、歩行者専用の桜橋がつくられたが、それでも白鬚橋まではけっこう離れている。

現在はいろんな町名で区切ってあるが、以前は浅草以北、隅田川東岸一帯はひっくるめて向島《むこうじま》だった。江戸の側から見て「向こうの島」というわけだ。もっとも手近な異境であって、近郊散策、あるいは別荘にいい。こっそり妾宅をかまえる者もいた。

明治・大正にかけて大東京が膨張するにつれ、安手の住宅地に変貌した。電鉄会社が駅をつくる。東武伊勢崎線は浅草駅を出ると業平橋、曳舟、東向島。となり合った京成押上線は押上、京成曳舟、八広。

これは現在の駅名であって、昭和初期まではちがっていた。東部の東向島駅は、もとは玉ノ井駅といった。京成は曳舟のつぎに向島駅があって、そこから支線が隅田川へ向けてのびていた。京成白鬚線といって、長浦、玉ノ井、終点が白鬚。

東武、京成それぞれに玉ノ井駅があったわけだ。むろん、乗降客をあてこんでのことだろう。それだけ人気のあった駅のはずなのに、一方は「東向島」などと、つまらない改名を受け、もう一方は支線の廃止とともになくなった。

「……足の向く方へ行って見るつもりで、一先《ひとまず》電車で雷門まで往くと、丁度折好く来合せたのは寺島玉の井としてある乗合自動車である」

永井荷風が小説『濹東綺譚』を発表したのは昭和十二年（一九三七）のこと。その前年に足しげく玉ノ井へ出かけている。小説の取材のほかにも通っていく理由があった。

「線路に沿うて売貸地の札を立てた広い草原が鉄橋のかかった土手際に達している。去年頃まで京成電車の往復していた線路の跡で、崩れかかった石段の上には取払われた玉の井停車場の跡が雑草に蔽われて、こなたから見ると城址《しろあと》のような趣をなしている」

京成白鬚線が廃止になったのは昭和十一年一月である。小説には廃線直後の風景がとり入れてある。

小説の語り手「わたくし」は荷風その人とみていいだろう。崩れかかった石段の上から夕暮れの町並みをながめたあと、草のあいだにのこった足跡をたどって下りてくると、そこはもう「玉の井の盛場を斜に貫く繁華な横町」で、ごたごたつづく商店のあいだから路地がのび、「ぬけられます」「安全通路」、あるいは「京成バス近道」「オトメ街」「賑本通《にぎわいほんどおり》」などと書いた灯がともっていた。

白鬚橋を渡ると「リバーサイド隅田」という大きなマンション。

四つ辻の一つ北寄りから大正通りが始まっている。大正四年（一九一五）に開通したところからこの名がついた。角の病院の近くが白鬚線の終点だったようだ。

大正通りを東に進み、東武の高架と交差する手前辺りに京成玉ノ井駅があった。荷風が石垣をのぼって町並みをながめたところである。京成鉄道が道路につっきるときは立体交差を義務づけられていたので、京成が土盛りをして線路を通した。地元では「土手」とよばれていた。

京成玉ノ井駅は知る由もないが、東武玉ノ井駅は写真が残っている。東向島駅ととなり合った東武博物館発行のグラフ誌『東武沿線今昔』には、小さな三角屋根の駅舎が見える。改札口の上に「玉ノ井駅」の白い標識。屋根はスレート葺きで、白い窓わくがシャレている。

高架をすぎると同じ大正通りが「いろは通り」と名がかわる。上に「玉ノ井」と添えてある。もっぱらこの通称で通っていたからだろう。

「其家は大正道路から唯《と》ある路地に入り……」

小説ではヒロインの住む家が少しあいまいに紹介されている。盛り場の西北の隅、どぶ川のすぐわきで、三味線のバチの形をした名刺には、「寺島町七丁目六十一番地（二部）安藤まさ方雪子」とあった。

ついでに荷風は耳学問だがと断って、玉ノ井の沿革を述べている。大正半ば、浅草観音裏の整備にあって、追い立てられた銘酒屋などの移ってきたのがはじまり。東武、京成が駅をつくって、たちまち新開地の賑わいになった。

「銀行、郵便局、湯屋、寄席、活動写真館、玉の井稲荷の如きは、いずれも以前のまま大正道路に残っていて……」

こちらが先にひらけ、そののち入り組んだ路地を埋めて特殊な銘酒屋街が出現した。看板の銘酒はほんのおつまみ。二階に上げて、もっとおいしい「お酒」を売る。路地が入り組んでいるので「ラビラント（迷宮）」の様相をもち、それが目抜きの通りをはさんで第一部、第二部、第三部に分かれていた。お雪のいたのは、どぶ川のほとりの第二部――。

むろん、あとかたもない。電鉄会社がさっさと駅名を消したように、行政は玉ノ井、また寺島町も消してしまった。現在は東向島四丁目、五丁目。いろは通りをはさんで墨田三丁目。「幻の町」を歩くためには、『東京23区マップ・墨田区』と合わせて、昭和初年の『南葛飾郡地図・玉ノ井・寺島町』が必要だ。

玉ノ井稲荷はもともと東清禅寺といって、寺に稲荷社と身代り不動尊が同居していた。ごく最近、建て替えられたのだろう、おシャレなマンション風の本堂になり、お狐さまは邪魔っけといったぐあいで、二体セットがブロック塀のわきに寄せかけてある。

旧玉ノ井散歩には『濹東綺譚』のほかにもう一つ、滝田ゆうの連作漫画『寺島町奇譚』という得がたい道案内がある。六十ちかい作家永井荷風が、人目をはばかるようにして界隈を徘徊していたころ、のちの漫画家滝田ゆうは、ハナたらしの少年だった。寺島町に生まれ、「清く流るる隅田の東」という校歌の小学校に通い、銘酒屋の並ぶ路地裏でメンコやベーゴマをしていた。ワケありな男に道を教えて小銭をもらうと、親にないしょで、あんこ玉だのもんじゃ焼をパクついていた。

落語家三遊亭圓歌は寺島の駄菓子屋に生まれ、同じ小学校に通った遊び仲間だった。『滝田ゆう漫画館』に一文を寄せて述べている。

「われわれが育った町の雰囲気は、ゆうちゃんの描いたこの『寺島町奇譚』そのままだね。どぶ川があったり……。それがまた汚いどぶ川でね、真っ黒なんでおはぐろどぶって呼んでた」

商店の並ぶ通りから何本もの細い路地がのび、それがきまって弓状に曲がっていく。飲食店のドアに「玉ノ井町会こでまり会」の小さなステッカーが貼ってある。互助組織のようなかたちで玉ノ井町会が生きているらしい。

「フロアレディ募集」

幻の町のイメージのなかでは、単なるバーの貼り紙にとどまらない。丸顔で、黒目がちな目をしたお雪さんのおもかげが浮かんでくる。

「ここであそんではいけません」

ガレージに大きな注意書き。ものをたべたり、ゴミをすてるな、めいわくしているというのだが、その書き方からして、旧寺島町ガキどもの平成世代にあてたことはあきらかだ。滝田ゆうの漫画シリーズは「えんがみみとんがった」の一篇で始まり、悪ガキどもが「わーい、えんがみーみとんがった」と大人をはやしたてるシーンが出てくるが、平成の悪ガキは叱られたあと、どんな手で腹いせするのだろう？

路地と路地のあいだを乳母車がやっとのような細い道が結んでいて、

そこを少年が器用に自転車をすっとばしていく。何かの理由で打ち捨てられたのだろう、家屋全体をキヅタがつつみこみ、路地裏に緑一色の大きなかたまりができている。

「何度注意したらわかるのか」

古家の玄関に黒々と、犬の飼主への怒りの言葉がつづってあった。自分の家の戸口にフンをされたらどんな気持がするか考えてみろ。

「カメラをつけて徹底的な寫眞をケイサツへ届ける」

旧字の使用からして当主の年代がわかる。自分でも「徹底的」の意味がわかりづらいと判断したらしく、わきに青字で「カクシ」と添えてある。『濹東綺譚』に出てくるお雪の抱主《かかえぬし》、あるいは滝田漫画に登場するカクシャクおやじが思い浮かんできた。

狭い道を押しとおるようにパトカーがめぐっていく。気のせいか、すれちがったあとスピードを落としたぐあいだ。永井荷風は何度か巡査に呼びとめられてイヤなめにあい、そのための用心に印鑑と印鑑証明と戸籍抄本を、いつも肌身につけていたというが、当方にも、その手の用意が必要なのかどうか。

「過去にではなく今日と明日に生きる」

旧玉ノ井のはずれにあたる辺りに小さな寺があって、門前の黒板に標語が書かれていた。そういえば小説のお雪にしろ漫画のガキどもにしろ、まさしく今日と明日に生きて、過去などきれいさっぱり忘れていた。圓歌師匠が述べている。

「この間久しぶりに向島を歩いてみた。他は全部変ってるのに私の住んでいた駄菓子屋だけがまだあって……」

通りを抜け出ると、なぜかまたパトカーと行きあった。いかめしい制帽制服の人がやおら振り返り、うかがうような目で見つめている。幻の町の散策者は、きっとその全身がワケありげな「不審な者」の気配をおびているのではなかろうか。

まぼろし島——リバーシティ21

幸田露伴に「ウッチャリ拾ひ」という短篇がある。釣り好きだった露伴が「舟遊び」で過ごしたあと、隅田川の河口近くまでもどってくる。

「ふり反《かえ》って見ると沖の方は軽い南風《みなみ》が吹いて居るので、安房《あわ》上総《かずさ》の山々がボンヤリと薄青く見えて居るばかり……」

頃は初夏。舟は潮にゆられるままにして、船頭もキセルをふかしている。辺りはボーッとかすんで、ただもう「平和と安寧」とがあるばかり。ノンビリと小舟に寝そべっているときの幸せがホーフツとする。「船は遅々としながらも今や川洲《かわす》の側に沿うて段々と月島近く進んで来た」

露伴にはまた「水の東京」と題したエッセイがあって、東京の川や水路や運河についてのウンチクを傾けている。大川の河口についても、むろんくわしかった。

「川洲といふのは隅田川の吐出しの洲であるから其の名を得たのでもあらうか……」

三枚洲《さんまいず》、出洲《でず》、相の洲《あいのす》、天王洲《てんのうず》とかぞえていく。「ウッチャリ拾ひ」

は明治三十九年（一九〇六）三月、『中央公論』に発表したもので、百年あまり前のたたずまいである。

現在は埋め立てられてまるきりちがってしまったが、当時は河口のいたるところにヘンテコな陸地があった。「極々《ごくごく》高い処」は少しばかり背を見せて、そこからゆるい傾斜をとり「水に没して」いる。潮が満ちると、あとかたもなく消え失せる。

そんな川洲を目でさがしながらブラブラと佃大橋を歩いていった。川面は夏空を映して眩しいようなプルシャン・ブルー。それを二つに割るようにして、いろんな船が通っていく。平たい板のような荷船。まっ黒な鉄のシャベルつきの浚渫船、何の用をはたすのか、やたらに長細い船もある。すぐしも手の浜離宮わきが水上バスの発着所になっていて、まばらに観光客をのせた船が波をけたてていのぼっていく。対岸の月島側に「つくだに丸久」「天安」といった看板が並び、その上に古風な瓦屋根が見える。木造の二階家が軒を並べ、屋根のあいだから物干し台がのぞいている。まるで歌舞伎の舞台そのままである。ただし歌舞伎では背後に安房上総の山がかすんでいるが、こちらは天にとどくばかりの高層住宅がニョキニョキとそびえている。コンクリートと鉄骨とガラスの怪物であって、とにかく大きい。何であれ、ある一定のスケールをこえると人間の認識能力ではおっつかないらしく、すぐ目の前の風景なのにまるきり現実感がない。SF小説、あるいは機械仕掛けのまぼろしに立ち会っているかのようだ。白昼夢をみているようでもある。

佃煮の老舗があるとおり、かつては佃島だった。その島にしても、もともとは川がつくった砂洲であって、それがいつしか小島のように盛り上がってきた。昔の人は埋め立てを「築立《つきた》て」といったようで、いち早く築立てでできたのが佃島。これと隣り合ったのは「鉄砲洲向島」などとよばれていた。寛永三年（一六二六）、船手頭の石川八左衛門に下げ渡されてからは石川島。

月島がもっとも新参で、明治十八年（一八八五）に埋め立て開始。築立ての島で築島ながら、あまりに味気ないので東京湾の観月の名所「月の岬」にちなんで字を改めたとか。

すぐ前にひろがっていて、橋を渡るにつれて近づいてくる。その成り立ちまでも承知しているのに、いぜんとしてさっぱり現実感がない。

しょせんはまぼろしの島であって、満ち潮とともにコンクリートづくりの怪物もろとも、きれいさっぱり消え失せるのではなかろうか。

佃島は江戸の初期に大坂の淀川に近い佃村の人々が移ってきたのに始まる。埋め立て地を選んだのは川と海の接するところが漁業の適地であることをよく知っていたのだろう。シラウオや魚介をとって売りさばくだけでなく、売れ残りをノリなどと煮しめ「佃煮」として売り出した。全国の家庭の食卓におなじみの食品となったのだから、ヒット商品第一号というものだろう。

佃煮の店の並ぶ界隈は時間がとまったような一角で、小広場を中心にして、がっしりしたつくりの二階家がとり巻いている。何やら懐かしい気がするのは、以前はどの町でも同じような家並みを見かけたせいではあるまいか。門構えつきの玄関があって、そこに素通しの格子がはまっている。小さいながらも植えこみがあり、松の木がのびている。

ただそれが独立した一軒ではなく、三軒ばかりが長屋風にくっついている。土地持ちが建てた貸し住宅で、たいてい会社の中堅幹部や教師といった小ブルジョア一家が住んでいた。

いったい記憶のどこにひそんでいたのか、遠い昔のシーンがふと頭をかすめた。大東京、それも「中央区」と称するところに、はるかなオールド・デイズそのままの高級長屋式賃貸住宅があるなどと夢にも思わなかった。

旧佃島の氏神さまが住吉神社で、玉垣の下でチャポチャポと水音がするのは、まわりの水路が一部ながら残っているからである。すぐ北が石川島だった。島とはいえ、石川八左衛門に下げ渡されたころは、潮の満ち引きで隠れたり出たりするあやふやな土地だった。

『御府内備考』といって江戸市中の地誌が述べている。「此処はむかしはわずかの洲なりしが、次第に出洲多くなりしかば、寛政のはじめ、長谷川平蔵といへる者（御先手に盗賊火付改を兼ぬ）建議して、世にある無宿こもかぶりなどいひて、よんどころなく、はてはよからぬ事しいへるものを、皆集めこの所におらしめ、猶《なお》洲を築立て一島のごとくなせり」

池波正太郎『鬼平犯科帳』の主人公、「鬼平」こと長谷川平蔵は幕府官僚の一人であって、それも強盗や放火犯をとりしまる部局の長官だった。現場で鍛えた人には、さぞかし世の中の動きがよく見えたのだろう。江戸市中のホームレスの増加は大きな社会的変動の前兆であって、流れ自体はせきとめられないまでも、小さな芽は未然につみとれないものでもない。「人足寄場」、つまり、しかるべき施設をつくって、正業につくための技術を修得させる。

その際、石川家が幕府に島を返却、かわりに麹町永田町に土地をもらった。交換という手続きによったわけだが、潮流まかせのあやふやな土地よりも、麹町の地所のほうがはるかにいい。石川家の面々は笑いがとまらなかったと思われる。

対岸の鉄砲洲と向き合うかたちで番所があり、正面が役所。施設は長屋スタイルの建物で、部屋がそれぞれ髪結、草履、縄細工、大工、左官、人足、米つきなどの研修室になっていた。まん中が共同風呂、別棟が病院。さらに「女置場」とあるから女性用の一棟が付属していた。

佃堀のかたわらに江戸時代の灯台が復元してある。もっとも中は明かりではなく共同トイレ。

洲を埋め立てて研修施設をつくってより約二百年のち、いま一度の大々的な築立てがあって、「大川端リバーシティ21」が誕生した。「皆集めこの所におらしめ」る点では同じだが、このたびは浮浪者や無頼の徒ではない。平和なよき市民たちであって、朝ごとにきちんと身なりをととのえて勤めに出ていき、日が暮れると夜空の星の数ほど明かりがついて、つましい生活者たちの摩天楼が出現する。

リバーポイントタワー、シティフロントタワー、スカイライトタワー、センチュリーパークタワー、イーストタワーズ……元人足寄場といったイメージを、くまなく消し去るためか、徹底してカタカナ名で押し通してある。二十一世紀の住人にとっては、虚空に浮いた任意の一点こそ人生の寄場というものだ。

とほうもなく集中した住宅地のはずなのに、まるでひとけがない。塾通いの小学生がうつむきかげんに歩いていく。そのうしろ姿を見つめていると、買物袋をさげた主婦が不審げに足をとめ、険しい顔でこちらをごらんになっている。

東京都の用語では、高層住宅のまわりの土地を「公開空地」というようだ。パブリック・オープン・スペース、住人の庭であって、かつ公共の空地。東京都都市計画局作成の標識には「歩行者が日常自由に通行又は利用できる」。歩行者と断ってあるのは、居つくのはむろんのこと、すわりこんだり寝ころんだりしてはならぬといった意味だろう。「自由に通行又は利用」と、せっかくお許しがでても、そびえ立つ塔の谷間では、あまり自由を感じない。大都会特有の沸くような騒音のほかは物音一つなし。人もいない。犬もいない。空気も流れない。

露伴の「ウッチャリ拾ひ」では一人の人物が語られていた。隅田川河口の洲を歩きまわり、ゴミを拾い上げる。いまでいうリサイクル業者であって、大東京の排泄の立会人だ。

「……猫の屍骸の日を経て沈《しも》ったのや、骸骨になりかゝった狗《いぬ》の頭や、茶碗や徳利の欠け損じたのや、歯の折れた馬爪《ばず》の櫛の反りくりかへったのや、首が抜けて片脚折れて居る挿頭《かんざし》や、金具と袋と離れ〴〵になりかゝった蝦蟇口《がまぐち》や、睾丸火鉢の砕片《こわれ》や、口の無い土瓶や、ブリキの便器や……」

そんなふうに二頁にわたって書きつらねているとき、露伴には廃物を通して過ぎ去った時間の堆積を語ることができた。「平和と安寧」の風景はまぼろしなどではなく、確固とした現実だった。

川沿いが遊歩道になっている。釣り人はいるが、釣り竿を手すりに結びつけて、わきにしゃがんでいるだけ。その前を産業廃棄物を山と積んだ荷船がゆっくりと通っていった。振り返るとまぼろしのようにつらなるタワーの列。気がつくと、わが影が足元にのびている。この世の無宿人の影に似ていた。

森ビルと肉弾三勇士――愛宕山

芝の増上寺から虎ノ門にかけては寺が多い。金地院、専光寺、光明寺、清岸院、真福寺、天徳寺、栄閑院……。

寺と並んで森ビルが多い。第15森ビル、17森ビル、23森ビル、30森ビル、33森ビル、36森ビル、37森ビル……。番号はとびとびだが、タケノコのようにニョキニョキのびている。

愛宕神社のある愛宕山に隣り合った青松寺《せいしょうじ》は雄大な山門と石段の数からも、なみいる寺のなかで群を抜く大寺であることがわかる。寺号が萬年山、石段をのぼりつめた正面に本堂、左右に聖堂と僧院、どれも近年に改築されたとみえて、匂うばかりに新しい。山門に鎮座する仁王さま四体も、新品の衣服をつけたぐあいだ。

その仁王門の左右、つまり山門を両側から守るぐあいに二つの塔がそびえ立っている。一方が愛宕フォレストタワー、もう一方が愛宕MORIタワー。どちらも森ビル傘下であって、番号がそえられていないのは、それだけ格が高いのかもしれない。いわば別格本山である。

それにしても大寺の境内に入りこんで高層ビルがそびえ、それがぴったり山門の左右に控えるかたちになっているのはどうしてだろう？

前は広い歩道になっていて、黒の上下とアタッシェケースにケータイ組が忙しく通っていく。これにまじって買物帰りらしい金髪の夫婦やブランド物でかためた女性が、ゆっくり歩いてくる。塔の一つは高級マンション、もう一つがオフィスビルのせいであって、同じく山門の番人役でも、中の人種がまるきりちがうのだ。

しばらく考えていてわかった気がしたのだが、森ビルは高層ビル用の土地を求めて青松寺にいきつき、首尾よく敷地の一部を手に入れたのではあるまいか。都内の超一等地であって、坪あたり目の玉のとび出るほどの価格であったと思われる。その売却金で寺は山門から本堂すべてを改築した。現代では信仰とビジネスがにこやかに手を結び合う。

よく見ると、左右の塔が特異な形をしている。マンションとオフィスという、まるきりちがった性格のビルであるにもかかわらず、四十階にちかい先端が同じように丸まっている。首が痛いのを我慢して見上げていた。その形が何かと似ている気がしてならない。

「そうだ、サルナートのストゥーバだ」

写真で見たことがあるが、仏教の聖地にある塔は、先っぽがこのように丸まっている。それがやがて卒塔婆《そとば》の原型になった。もしかすると境内の一部を売却するにあたり、由緒ある大寺は一つの条件をつけたのではあるまいか。高層ビルを建てるのはやむをえないが、寺の威光をそこなうようなのは困る。寺院正面にマッチしたデザインを考えてもらいたい。森ビル幹部より伝えられ、ゼネコン設計部がインドの聖地にいきついた――。
むろん、たしかなことはわからない。ヒマな散歩者の頭にひらめいたこと。ともあれ、あらためて二十一世紀のストゥーパを仰ぎつつ山門をくぐり、石段をのぼっていった。

ある人から、あらぬことを耳にした。青松寺の門前に、かつて「肉弾三勇士」の像が据えられていたというのだ。ブロンズの大きなもので、爆弾をかかえた三勇士がまっしぐらに敵陣へとびこんでいく。

昭和七年（一九三二）一月、上海で日本陸戦隊と中国軍とが衝突した。第一次上海事変である。

二月二十日、日本軍、上海総攻撃開始。

二日後、日本軍兵士三名が身を挺して中国側の鉄条網を爆破した。世にいう「爆弾三勇士」である。それがのちに「肉弾三勇士」となった。たしかに肉体を爆弾と一体にして突入させた。

ひどい時代だった。すぐあとの五・一五事件で犬養首相が射殺された。軍部が勝手に満州国建国を宣言した。欠食児童のあまりの多さに文部省が急拠、学校給食を訓令した。親子心中があいついだ。

そんなさなかの戦場の出来事であって、すぐさま美談になった。新聞社が「爆弾三勇士の歌」を募集、入選作を発表した。大々的に三勇士慰霊祭が催された。

とすると三勇士の銅像がつくられても不思議はない。それがどうして青松寺の門前に据えられたのか？

教えてくれた人によると、青松寺のすぐ前に慈恵会医科大学がある。慈恵会は軍医を多く出したところであって、その縁で青松寺が選ばれたのではあるまいか。たとえ据えられていたとしても、戦争が終わるまでのしばらくの間のこと。敗戦、そして民主主義の到来とともに軍国主義のシンボルのような三勇士ははやらない。いつしか銅像が山門前からかき消えた。

ブロンズ製の三体づくりともなれば、けっこう大きかったはずである。いったい、どこへ消えたのか。

本堂と聖堂の間が裏手へ廻る通路になっている。裏山は愛宕山につづく丘陵地にあたり、折れまがった石段をのぼっていくと、かなりの広さの墓地に出た。台地の上なので見晴らしがいい。左に東京タワー、正面は虎ノ門森ビル、右手はうっそうとした繁みと六地蔵。かたわらに「無縁墓地改葬公告」の大看板が見えた。墓地の所有者へあてたもので、放置したままの墓は、「一年以内」に申し出がないと無縁墓地として改葬するという。

放置したままの人は墓地に来ないわけだから看板を目にすることもなく、おのずと「一年以内」に申し出をすることができない。ヘンテコな公告と思うのだが、寺の論理ではこれでいいのかもしれない。少なくともその墓を取り除いて、あとを別の人に売ることができるわけだ。

右手の繁り合ったところの一部が整地され、新しく墓地として売り出し中。売れはじめた団地のように、ポツリポツリと墓石、あるいは敷石が置いてある。

どんづまりの薄暗いところに肉弾三勇士がいた。正確にいうと「肉彈三勇士三靈」と刻んだ石碑、ならびに一勇士である。鉄カブトに軍服、ゲートルの兵士が爆弾を小脇にかいこみ、腰を曲げて突入のスタイル。なぜか一人だけが台座にのっている。

「身爆薬筒ヲ抱キ……」石碑には三つの名が刻まれていて、昭和九年の日付。事件の二年後につくられた。

「肉彈三勇士三靈」の隣は「國體護持　孤忠留魂之碑」。昭和二十年八月の敗戦に際し、近衛師団の蹶起《けっき》をはかったが失敗、少佐、大尉クラスの四人の将校が自決した。その「孤忠留魂」をたたえて昭和五十九年（一九八四）に建立。

ほかにも「舊山口藩出身御親兵死没者合祀之碑」「工兵第二十三聯隊　戦友之碑」「祈高天肥馬　軍馬之碑」。

古木の繁り合った片隅なので、やたらに蚊が多い。みるまに手や首やノドを刺され、カユくてならない。地面が湿っていてカエルには安住の地なのだろう。ときならぬ来訪者をいぶかしんで、ソフトボールのように大きなのがのそのそと這い出てきた。

いちばん隅に「槍持勘助の墓」を伝える説明板が立てかけてあった。美作国《みまさか》（現・岡山県津山）の藩主松平家に伝わる槍は、やたらに長くて重い。道中供先で倒したりして、打ち首になる者があとをたたない。その難儀をあとに残さぬよう、足軽勘助は槍の柄を一メートルばかり切り取って切腹した。元禄十五年（一七〇二）のこと。赤穂浪士が吉良家に討入りした年である。足軽の一件は芝居にはならなかったが、その義侠心をたっとぶ人がいて、奴地蔵としてまつったという。

大ガエルが二つの目玉でこちらを注視している。蚊の襲来を逃れ、整地ずみの新墓地からながめると、奇妙な一角が闇に沈みかけていた。

それにしても三体のうちの二体はどこへ行ったのだろう？　台座にのった一人きりの勇士の踏んばったほうの足元が、足首まで小石を盛ってかためてある。三体を切り離すときに足首がもげたのかもしれない。腰を曲げ、頭を突き出し、ラグビーボールをかかえた選手がゴールへ突進するのと似ていた。

新しい墓地のほうは明るいが、石碑や銅像の一角は何やらもつれ合ったぐあいで黒々としている。もともとあちこちに点在していたのが、どういう理由からか一ヵ所に集められたのかもしれない。そういえばてんでんバラバラのようで、三霊のうちの二つが行方不明になってもおかしくないような気がする。

その一方で、てんでんバラバラのようでありながら、どこか共通している点があるような気がしないでもないのだ。どれといわず現代にまるきり異質のモノたちであって、見方によるとコッケイな要素すらまじっている。それはそのとおりだが、同時に日本人の心情の底に通じるものがあって、どんなにジャマっけ扱いされようともじっと存在を主張している。大東京の一角、それも天下の森ビルのすぐ下に、ひっそりと肩を寄せ合っている。

もどり道で気がついたが、坂を下る手前にエレベーターがあって、折れ曲った石段を歩かなくてもいい。下にくだり、しずしずとドアが開くと、通路のトンネルにパッと明かりがついた。改築の際、墓参りの人にもハイテクの便宜がはかられたらしい。

鉄骨とガラスづくりの巨大なストゥーバが夕焼けに染まっている。オフィス・タワーの地階ちかくはファミリーマート、スターバックスのコーヒー、ビューティー・リラクゼーションサロン、上階はエービーエヌ・アムロ証券、エートス・ジャパン、カナル投信、クエイト石油……。

森ビル別格本山からとび出していくビジネス勇士のうしろ姿を、先ほどのカエルのように目を丸くしてながめていた。

Ⅱ　お江戸今昔

吉原いきつもどりつ——台東区千束

「明烏《あけがらす》」と「付き馬」。ともに落語の名品であって、「明烏」は桂文楽でたのしみ、「付き馬」は古今亭志ん生で親しんだ。ラジオをつけるとおなじみの声が流れてきたので、そのままなんとなくおしまいまで聴いた、といったこともある。いまにして思えば、途方もなくゼイタクな時を過ごしていた。

「明烏」では日向屋《ひゅうがや》時次郎だった。いたって堅物で、十九になるのにイロごとのイの字も知らない。父親が心配して、町内の遊び人に吉原入門の手引きをたのんだ。粋なオヤジがいたものだ。「付き馬」の主人公は名前がわからない。年のころも職業もわからない。身元に関するいっさいが不明。ただイロごとに通じていることはよくわかる。それも裏のウラまでワケ知りで、吉原特待生というほどの者なのだ。

落語のつくりも対蹠的であって、「明烏」は前夜に吉原の大店《おおみせ》で登楼するまでがおおよそのはなし。「付き馬」は翌朝に帰っていく道筋が大半だ。まずは日向屋の倅に同行するとして、浅草の観音さまから馬道通りを抜けて吉原大門へとやってきた。町内の遊び人は、観音さま裏手のお稲荷にお籠りするという名目で、堅物をつれてきた。

「坊ッちゃん、さっき大門を入ってきたろう？　あすこは一本口《いっぽんぐち》ですよ、あの門のところへ髭の生えたこわい小父さんが五人ぐらい立ッてたろ？　あれなんだ、三人がどこの店へ上がッているか、向うの手帳にぴたりと留められちまうんだ」

江戸のころの大門は、いかめしい鉄鋲つきの黒い冠木門《かぶきもん》だった。それが明治になって洋風の鉄の門に改められた。かたわらに「四郎兵衛会所」とよばれる監視所があった。落語はきちんと吉原の地誌をつたえている。

現在の地番では台東区千束《せんぞく》四丁目。小振りの角柱が道路の左右に立てられていて、これが大門のしるし。かたわらに交番があって、その点はかつての地誌そのままである。「髭の生えたこわい小父さん」ではなく、ヒゲの剃りあとの濃い若い警官がパトカーのガラスを磨いている。

『江戸切絵図』は吉原をほぼ正方形に描いているが、正確にいうと縦三五〇メートル、横二六〇メートル、まわりに堀がめぐらしてあった。そこを二つに割って、中央が引手茶屋の並ぶ仲の町、両側が伏見町、江戸町、角町《すみちょう》、揚屋町、京町に分けてあった。

「稲本《いなもと》、大文字、角海老《かどえび》、品川楼、中米《なかごめ》なぞが大店だそうで」

大店は引手茶屋から送られてくる客にかぎり登楼させた。フリーの客は受けつけない。いたって格式にやかましかった。

「へい、お初にお目にかかります。あたくしは田所《たどころ》町三丁目の日向屋半兵衛の倅時次郎と申します。今晩は三名でお籠りにあがりました……」

稲本や大文字や角海老にかわって、現在はクラブ貴公子、ロイヤルクラブ和《やすらぎ》、ひしめくようにしてケンブリッジ、英国屋、バッキンガム、レタス倶楽部、ピュア、コートダジュール、シャトーペトリュス……。たてまえはあくまでも「浴場」なので料金は「入浴料」となっている。

見学無料。

二〇、〇〇〇円（七〇分）

三〇、〇〇〇円（一〇〇分）

これとはべつに早朝七時より二時間刻みの表示もあって、六〇分二〇〇〇円より、午後、夕方、夜になるほど高くなっていく。二つのシステムが併用されているらしい。

「当店ではポン引きによる客引きは致しておりません」

入口に「浅草特殊浴場防犯健全組合」のポスターが貼ってある。防犯に加えて「健全」とあるのがほほえましい。

早出の粋客のつもりで旧江戸町、旧角町をヒヤかしながら、ブラブラと歩いていった。吉原はあとかたもなくなったが、堀を埋めたあとの花園通りや国際通りを線で結ぶと、地形はそっくり元のまま。風俗、しつらえを取り替えながら、よく似た職種があとを継いでいくのは、土地の地霊といったものがはたらいてのことかもしれない。

旧仲の町通りや現花園通りに点々と喫茶店がある。当今の大手チェーン系ではなく、旧来のスタイルで、ほとんど人通りのないなかに

「営業中」の札がかかっている。その一軒は看板にもガラス戸にもうたってある。

「お出かけ前は忘れずに」

しばらく佇んでいて、やっとわかった。玄関の鍵を忘れるなというのではない。こちらは新手の引手茶屋の役まわりらしいのだ。「お出かけ前」に忘れずひと声かけると、万事が手ぎわよくととのえられて登楼できる。

そういえば「付き馬」の正体不明の人物は、「お出かけ前」を巧みに使った。吉原では堀に近い辺りに小店がひしめいていて、こちらは客引きがいた。袖を引かれた男のいうには、小金を持った叔母が吉原の某楼に金を貸しつけている。叔母の名代で受け取りにきたが、店あけ早々に取り立てごとは相手に申しわけない。どうしたものかと思案中――。

客引きがつられて一案を出した。今夜は当店で遊んで、明朝に受け取った貸金から払ってもらうのはどうだろう？　たしかに客引きの口から出た案であるが、巧みにそんなふうにいわせるようにもっていった。タダならぬ男であることが、「お出かけ前」のやりとりにさりげなく含ませてある。

「トントントントントントントン」

志ん生はここで弾むような音をまねてみせた。階段を上る足音であるとともに、気持の高まりを告げている。上りきったところが「引きつけ」。目をまわすところではなく、はじめて当夜の女性と対面するところ。

「学校じゃあおしえられない」

そんなひとことがはさまって、つぎは「おばさん」のこと。別の名が「やりて」。くれるのかと思うとそうじゃなくて、もらいたがる人。引手茶屋を経由する大店とちがい、安直な小店のしくみがよくわかる。たしかにこういったことは学校では習わない。

ときおりパトカーがゆっくりと通っていく。現代の「おばさん」は黒の上下に蝶ネクタイで、ロビーの奥に控えている。足元は真紅の絨毯。まだ昼前だが、お店はすでに営業中。見学無料をさそわれたが、タダほど高いもののないことは経験から知っている。

「吉原の朝ってものはしんとしていて、これはこれでいいものです」

これもまた決して学校ではおそわらないことだろう。「付き馬」からわかるが、朝はもっぱら帳場の時間であって、二階はまだ眠りこけていた。「明烏」の主人公について、文楽はむろん、理屈っぽいことは何もいわなかったが、朝のめざめが意味深いのだ。「明烏」の「明」と、時次郎の「時」とが応じていて、時みちて青年時次郎にエロスという未知の世界が明けそめる。

いっぽう「付き馬」では、吉原特待生が思惑を秘めて大門、馬道、浅草と、昨夜の道をもどっていく。朝湯に入ったり、湯豆腐でイッパイやったり、その間にも相手のガマ口の中身をちゃんと見ている。吾妻町にさしかかると、かつての千束に田がひろがっていたことや、名代のシャモ屋があったこと、つづいて浅草の裏手の池と花屋敷、仲見世。おしゃべりにのせて代金徴収係を雷門までつれ出した。

そのあと、まんまと代金を踏み倒し、あまつさえ吉原の若い衆《し》に「ず抜け大一番小判型」の早桶を背負わせた。すべてが口先三寸の話術のたまもの。とともにそれは、だましだまされの廓《くるわ》世界をあざやかに要約している。はなしの名人たちがねり上げた落語のみごとさに、舌を巻かずにいられない。

嬢王蜂、アメリカンチアガール、ドンファン、コルドンブルー……。あるものは「エクサイティング・アダルト・クラブ」を名のり、お隣りは「バイオレンス・ソープ」をうたっている。朴念仁にはチンプンカンプンだが、しかるべき特色を伝えているのだろう。いずれにせよ、せわしなく時間を区切っての登楼は、幻を夢見るひまもないことはよくわかる。

旧京町寄りに吉原弁財天が祀られている。大きな岩の上に弁天さまがのっていて、そこに「為地震横死者菩提」と刻んだ石板がはめこんである。その石板がひび割れて、「横」の字がひきゆがんでいる。安政二年（一八五五）、江戸に大地震があり、死者四千余名。吉原田圃《たんぼ》は死者で埋まった。大正十二年（一九二三）、関東大震災。死者・行方不明十四万余。安政から大正までが約七〇年。大正末年から七〇年というと、ちょうどこの平成の御世にあたる。死者の数が一段とケタ数を上げるのではあるまいか。「横死者菩提」がひとごとではなくなってくる。それかあらぬか生々しいような切りたての花がそなえてあった。

春めいた昼さがり。夢からさめたここちで足元の影を踏みながら、大門へ向かった。つぎつぎとタクシーがやってきて、女性が降り立ち、足速に小路の通用口に向かっていく。平成の姫たちはブランドのバッグと紙袋を下げ、外股でノッシノッシとお歩きになる。

大門の先に「見返り柳の碑」と、たよりなげな柳の若木がある。せめても絃歌、緑酒の青楼を振り返るつもり。そこを出た先の日本堤は、別名が山谷堀。

牡丹載せて今戸へ帰る小舟かな

わずかに子規の句碑が、ここに川筋があったことを告げている。とっくの昔に埋め立てられて、いまはわびしげな小公園だ。得意先まわりの営業マンがポツリポツリと柵に腰をのせ、それぞれケータイで話している。

「ごむりでしょうが、そこをなんとか——」

「こしらえてくださると——」

どこかで聞いたセリフだと思ったら、口先男の戦術に出てきた。付き馬世界は現在も脈々と生きている。

義士ツアー――本所松坂町・泉岳寺界隈

ＪＲ両国駅。すぐ北隣りが国技館で、子供向きの催しがあるのか、親子づれがゾロゾロと歩いていく。それで気がついたが、振替え休日の月曜日だった。何の祝日の振替えなのか、しばらく考えたが思い出せない。

ムリしてまで休日をつくるよりも、十二月十四日を祝日にするのはどうだろう——親子づれからこぼれ出て南に向かいながら考えた。ただ十二月十四日というだけではピンとこない。頭に年号をつけて、「元禄十五年十二月十四日」、これにちなむ祝日とする。

ごぞんじ赤穂浪士討ち入りの日である。敵討ちについては賛否さまざまな意見があろうが、「元禄十五年十二月十四日」という日付は、何やらハレやかなひびきをもって日本人の記憶にしみついている。芝居なり映画なり小説なりで親しんできた。親しみの深さでいうと、「みどりの日」や「海の日」といった役人の小細工のような祝日よりも、はるかに「国民の旗日」の資格があるのではなかろうか。

まずは両国橋からつづくだだっ広い京葉道路の交叉点。点滅する信号に追い立てられるように渡りきると、すぐさま車やオートバイがいっせいに突っ走っていく。向かいの諸宗山回向院の参道に逃げこむと、車の音がしだいにしずまり、代わって碑や墓があらわれた。力塚、愛犬供養、猫塚、明暦大火横死者等供養塔、海上溺死群生追悼之塔……。回向院は明暦の大火（一六五七年）のあと、多くの死者を弔うためにつくられたというが、「諸宗山」の山号どおり宗派を問わず受け入れる。人間にかぎらず犬も猫もオーケーで、鼠小僧の墓もある。この墓のおこぼれにあずかると賭けごとに強いという信仰があって、墓石が年ごとに欠けていく。

「こちらの『お前立ち』をお削り下さい」

代わりの墓には頬っかむりして中腰の男が白いレリーフになってはりついている。どのような因縁によるのか、鼠小僧の墓石は「お前立ち」というらしい。

裏門を抜けると、すぐ左手の道路わきに「吉良上野介屋敷跡」の標識が見えた。現在の地番でいうと墨田区両国三丁目。四辻の一角がなまこ壁で区切られていて、正式には本所松坂町公園、都指定旧跡吉良邸跡である。公園と称していても猫の額ほどに小さい。不動産業者は隣家と鼻を突き合うような面積の建て売りを「豪邸」と称したりするが、都指定旧跡がまさしくそれであって、面積わずか二九・五坪（約九八平米）。

三河の大守吉良家が建て売り住宅に収まるはずがない。かつて吉良家上屋敷は東西七三間（約一三三メートル）、南北三四間（約六二メートル）、二五五〇坪（約八四三〇平米）を擁していた。母屋の建坪三八一坪（約一二六〇平米）。東に表門、西に裏門があった。

これだけ大きいと逃げ道も多い。知られるとおり、討ち入りにあたり、リーダー大石内蔵助は四七人を二手に分け、東西からはさみ撃ちにするかたちで襲わせた。ほかにも入念に屋敷を調べて逃げ道をふさいでいたにちがいない。

首尾よく上野介の首級をあげたしだいは、誰もがとっくに承知のこと。問題はそのあとである。どのようにして主君浅野内匠頭の墓所のある高輪の泉岳寺まで行ったのか？

本所はそのころ「川向こう」とよばれた一角であって、当時の江戸の東端にあたる。高輪は品川に近いことからもわかるとおり西の端。花のお江戸を首ぶら下げて東西に抜ける。まずは両国橋に向かったが、橋奉行にとめられて渡れない。やむなく下手の永代橋に向かった。

研究者によって大体の道筋は確定されている。今の地名でいうと、両国、築地、新橋、大門、そして泉岳寺といったコースになる。現在では右の町名すべてが地下鉄駅名でもあって、大江戸線、日比谷線、浅草線を乗り継いで約二〇分。ともあれ足の向くまま、四十七士の面にくっついていくとしよう。

吉良邸跡の筋向かいが和菓子の老舗大川屋。「吉良まんじゅう」という名菓があるのだが、看板には世をはばかるように字が一段小さくしてある。悪役を押しつけられると、こんなところにも影響がある。

「本所松坂町」は義士討ち入りに欠かせない地名だが、研究者によると史実に反するそうだ。討ち入り当時、「松坂町」の町名はまだなくて、吉良邸の辺りは「本所一ッ目」といった。松坂町とよばれるようになったのは赤穂事件後に吉良屋敷が取り壊されてのちのこと。

「一ッ目」とはフシギな町名だと思いながら、永代橋をめざして歩いていたら、犬も歩けば棒に当たるで、たちまち一ッ目の謎を解明した。竪川《たてかわ》をはさみ、地名が両国から千歳に変わる。竪川は人工の水路で、まっすぐ東西にのびている。昔の浮世絵には優雅な屋形船がもやっているが、その名ごりのようにシャレたボートが点々とつないである。

水路わきのこんもりとした緑は江島《えじま》杉山神社。五代将軍綱吉のころ、杉山和一といって名鍼師として聞こえた人がいた。三重の人で幼いころに失明、鍼灸を学んでからも研究熱心だったようで江戸に出て研鑽をかさねた。ある年、江ノ島の岩窟にこもったところ、満願の日に霊夢をみて鍼灸管の法にいたりついた。ツボを管でおさえ鍼を打つ。杉山流管鍼《かんしん》術を完成した。

綱吉が病んだ際にこの秘術で治した。将軍は大いによろこび、何であれ願いの筋を申し出よ、何が欲しいと問うたところ、和一はつつましく「目が欲しい」と答えたという。

天下の将軍も目ばかりは自由にならない。代わりに本所に総禄《そうろく》屋敷を建てさせた。関東の琵琶法師、鍼灸師、按摩、盲人を統括する本部である。和一検校がその本部長で、ついては当地を「一ッ目」とよぶべし。二つ目は欲深いから目を一つ与えたしるし。元禄六年（一六九三）というから討ち入り事件の九年前のこと。

赤穂浪士の面々は両国橋の渡橋を断られ、やむなく川下に向かったとき、おのずと総禄屋敷の前を通ったと思われる。討ち入りは眠りのいちばん深いころを狙った。午前三時か四時ごろとされ、激しい死闘を終えて泉岳寺へ向かったのが、しらしら明けのころ合い。闇がうすれていくなかを行くとき、本願とげたよろこびとともに、さてこれからこの身はどうなるのやら、目一つで土を踏んでいるようなこころもちだったのではあるまいか。

新大橋、清洲橋、隅田川大橋はいずれも明治以後に架せられたもの。両国橋から永代橋まではけっこう距離がある。吊り橋のスタイルをとった清洲橋は、関東大震災のあと復興事業の一環として昭和三年(一九二八)に完成。ドイツ・ケルン市の橋をまねたとか。

隅田川はこの辺りで大きくS字型にうねっている。右岸の突き出たところは「中洲」とよばれていた。左岸に小名木川《おなぎ》が注ぎこみ、そこに万年橋がかかっている。古い地誌に出てくるから、義士一行もこの橋を渡ったにちがいない。

秋の日はつるべ落とし。夕陽が水面を朱に染めている。通りのソバ屋に「新そば」の貼り紙を見つけたので、フラフラと入ってザルを注文。うすら寒い気がしたので、つい熱カン一本を追加した。義士たちは、むろん途中で腹ごしらえなどしなかった。泉岳寺へ向かう途中に吉田忠左衛門ほか一名が一行と別れ、大目付へ自首して出たというから、内蔵助ほかの幹部たちは歩きながら、小声で相談し合っていたのではあるまいか。

メンバーの役職をみると、大石内蔵助の家老職を筆頭に、郡代一人、足軽頭一人、用人二人、目付一人、京都留守居番一人。これら藩の要職にあたるのが七名。ついで馬廻十五人、小姓近習十人、横目二人、中堅にあたるのが計二十七名。中間管理職が討ち入りの中核を占めていたことがみてとれる。さらに禄をもたない部屋住八人、足軽、台所役人、浪人、徒士。七十七歳の堀部弥兵衛は隠居料五十石をいただく御隠居さんだった。

松の廊下の刃傷のあと、主君即日切腹。早打で第一報が届いたのは三日後である。国家老大石の司会のもとに城中大会議がひらかれた。まず上《かみ》の裁きに抗議して籠城説が出た。やがて開城説が有力になり、そののち城の明け渡し。三百余名の藩士たちは手切れ金をいただいて、ちりぢりばらばらになった。

城明け渡しから吉良邸討ち入りまで約一年と九ヵ月。志を立てた者たちには、さまざまな思いがあっただろう。部屋住や足軽クラスには、かくべつ殿の恩顧を受けた気持はなかったと思われる。要領のいいのは一時金を元手にさっさと転身していった。

熱カンであったまって、永代橋に行きついたのが午後五時をまわったところ、大東京が昏《く》れかけていた。ダイヤビル、隅田リバーサイドタワー、住友ツインビルなど、高層ビルがそそり立ち、全館にしろじろとした明かり。

目の前は佃島・大川端リバーシティ21。おしりの21は二十一世紀のことらしい。白いコンクリートの脚をひろげたぐあいの中央大橋のかなたに、スカイライトタワー、センチュリーパークタワー、イーストトタワーズ……。こちらはマンションが主体のようで、明かりが白・黄・だいだいとまざり合い、中空にひろがる星雲さながらである。現実というよりも、夢まぼろしのごとくなり。

やおら気がついたが、夢まぼろしの一点で十八世紀の義士たちの心境とかさなり合ったような気がする。いい理由が見つかって、泉岳寺への長丁場はまたの機会にあずけておくことにした。

＊

宿題が気になっていた。ありていにいうと自分との約束であって、当人が無視すればそれですむのだが、無視する自分を当の自分が許さない。おもえば「義士」を買って出た四十七人も忠義といったこと以上に、自分との約束に縛られてのことだったのではあるまいか。物品なり金銭をわたすと受け取りが出る。領収書ともいわれる。高輪の泉岳寺にのこされている一つは、古今に類のないものだろう。まず、「覚《おぼえ》」とあって、文面はつぎのとおり。

一　首一ツ
一　紙包一ツ
右之通　慥《たしかに》　請取申候
念為如是御座候　以上

あて名は「泉岳寺　御使僧」、つづいて石獅、一呑の両名がしるされている。

日付はないが、元禄十五年（一七〇二）十二月十六日のこと。赤穂浪士が本所松坂町の吉良邸へ討入りをした翌日である。四十七士が吉良義央《よしなか》の首をひっさげ泉岳寺に到着したのが、十五日早朝、ほぼ八時ごろとされている。主君浅野長矩《ながのり》公の墓前に首をそなえ、敵討ちの報告をした。

この間、大石内蔵助の指示で吉田忠左衛門ほか一人が、大目付に自首して出た。幕府は大あわてで会議をしたのだろう、さしあたり四十七人を四つのグループに分けて御預けとした。

幕府と同じく泉岳寺の面々もアワをくったのではあるまいか。因縁あって浅野家の墓があるのは昔からのこと。そこへ雪の朝に血に染まった一隊がドヤドヤとやってきた。そして首を墓前に放置したままいなくなった。花と同じく首はしおれる。このままのこしておくわけにはいかない。

翌日の夜を待って、相手方へ首を届けに行った。世に二つとない大事な品であって、あとあとのこともある。吉良家の用人に受け取りを請求したらしい。二人の坊さんは、「右之通慥請取申候」をふところに、肩の荷を下ろしたこころもちで帰路についたにちがいない。

泉岳寺は大きな寺である。曹洞宗江戸三ヵ寺の一つに数えられ、かつては寺域六万平米に及んだという。山門は天保年間の再建になり「重層八脚門」のスタイル、雄大にせり上がっている。

その門をくぐり、境内正面の本堂から左手にそれて、坂を上がったところ。浅野家の墓所に隣合って玉石垣に囲まれた四十七士の墓がある。大石良雄、主税父子の墓を角の二方に据え、御預けになったグループごとにまとめてある。

ひと目見てドキリとするのは、墓石に刻まれた戒名のあたまに、すべて「刃」の字がついているからだ。刃仲光剣信士、刃峰毛剣信士、刃勘要剣信士、刃誉道剣信士、刃以串剣信士……。大石内蔵助だけ上に「忠誠院」をいただき、「刃空浄剣居士」と、格が一つ上げてある。

高台にあるので見晴らしがいい。足下に大東京がひろがっている。すぐ南は小学校で、その向こうに高級ホテルの優雅なビル。東かたはJR品川駅につづくレールの列だ。第一京浜国道をつっ走る車の音が、奇妙な獣のうなり声のようにしてひびいてくる。

足元に目をもどすと、弱い冬日を受けた黒い墓石の並び。「刃」の字が無数の目のように、じっとこちらを見つめている。

学校の堀沿いにクネクネと曲がって行くと、「大石内蔵助他十六人忠烈跡」に出た。もともとは熊本藩細川家の下屋敷のあったところ。跡地が区立高松中学校になったに際して、旧庭園の一部をカギ取って保存した。

討入りをした四十七人は、細川家十七名、三河岡崎藩水野家九名、伊予松山藩松平家十名、長門長府藩毛利家十名と分散して預けられた。いずれも大変な連中をおしつけられて、さぞかし扱いに苦慮したことだろう。そのなかで細川家は、武士の本懐を遂げた面々として、とりわけ厚遇したといわれている。

播州赤穂藩五万三千石。藩士は家老以下、用人、組頭《くみがしら》、番頭、給士、徒士、小役人あわせて二百数十人。敵討ちに加わったのは先にちょっと触れたように、家老大石の千五百石を例外として、半数は二百石から百石どまり。あとの半数は十両二石三人扶持（貝賀弥左衛門）、七石二人扶持（三村次郎左衛門）、五両三人扶持（神崎与五郎）といった軽輩である。文武両道で知られた大高源五にしても、たかだか五人扶持。ほぼ中・下層クラスの混成部隊だった。

開城から吉良邸討入りまでの二年たらずの間、志を立てた者たちには、さまざまな思いがあっただろう。要領のいいのが一時金を元手に、さっさと転身していくのを、複雑な気持で見送っていた。

義士一統に「死を賜う」の沙汰があったとき、十数人が辞世を詠んでいる。大石内蔵助は泉岳寺で吉良の首をそなえたときにすでに作っていたというが、よく知られたあの一首。

　あら楽し思ひははるゝ身はすつる
　　浮世の月にかゝる雲なし

サブリーダーだった吉田忠左衛門。

　君がため思ひぞつもる白雪を
　　散らすは今朝のみねの松風

メンバーのうちの老年組の一人、小野寺十内。

　我が罪は人の菩提にまさるとも
　　なにとあらしにまがふ山風

忠烈跡門前の標識が高らかに呼びかけている。「正義を愛し名節を重んじる者は暫くここに歩を停めよ」。その前でメモしてきた辞世をながめていて、ふと思った。浅野内匠頭の辞世は「風さそふ花よりもなほ我はまた――」だった。リーダー格は主君の「風さそふ」を受け、雲や松風や山風でもって世を去る歌にしたのではあるまいか。

その点、下っぱはこだわりがない。

仕合せや死出の山路は花ざかり　（武林唯七）

梅で呑む茶屋もあるべし死出の山　（大高源五）

何やらうれしい発見をしたこころもちで新橋駅近くにやってきた。

浅野内匠頭が切腹を遂げたのは奥州一関藩田村家上屋敷。「終焉の地」と刻んだ立派な石碑が、新橋四丁目の交差点わきに建てられているが、実際はもう少し東寄りだったとか。

すぐ裏手の御菓子司「新正堂」で「切腹最中」をいただいた。アイディア社長の考案で土地にちなんで工夫したが、はたしてこのネーミングで売れるものやら。社員一同、ハラハラしていたところ、つぎつぎに注文がくる。とびこんできた人がセット仕立てで買っていく。

仕事でヘマをしたりマチガイをやらかしたあと、謝りの手土産に最適なのだ。カンカンに怒っていた相手も、アンのはみ出した愛嬌のある最中を見ると苦笑いして矛をおさめる。あとの渋茶で一件落着。

さっぱりしていて、甘味が口にのこらない。アンにまじってコシのあるやわらかなのはモチではなくギュウヒ。かみしめると、リチギで義理がたく、ちょっぴり遊び心をこころえた義士の味がした。

相撲町見学——両国

まずは野見宿禰《のみのすくね》神社にお参りをした。ＪＲ両国駅から少し東寄り。相撲の神さまを祀って明治十七年（一八八四）の創建というが、本殿が修復中で白いホロをかぶっている。

鳥居の左手に歴代の横綱を刻んだ石碑が二つ。一つは初代の明石志賀之助に始まって四十六代朝潮太郎まで。石碑が満パイになり、もう一つが「つづき」にあたる。こちらは四十七代柏戸剛に始まり、当代の人気者朝青龍、白鵬まで。まだたっぷり余白があるから、どんどん横綱が誕生しても大丈夫だ。

久し振りに懐かしい名前と対面した。東富士、千代の山、鏡里、吉葉山。わが小学生のころのヒーローである。栃錦、若乃花、朝潮と、やがてこちらと入れ替わった。柏戸、大鵬、栃ノ海、佐田の山。若手有望組がつぎつぎとのしてきて、ついに「巨人大鵬卵焼き」の天下になる――。同時代に居あわせていなければ、何のことだかわかるまい。

遠い昔のヒーローたちと対面して気がついたが、カルタのようにして名前を覚えている。たとえば「江戸っ子横綱東富士」である。「怒《ど》濤《とう》の寄り身は東富士」ともいった。「突っ張り名人千代の山」「のっしのっしと鏡里」「美男横綱吉葉山」……。吉葉山はケガに泣かされてなかなか昇進しなかった。だから「美男横綱」になる前は「悲運の大関吉葉山」だった。めでたく綱を手にして「悲運」があいたせいだろう、「悲運の大関名寄岩《なよろいわ》」がとって代わった。

記憶というのはフシギなもので、いったい脳髄のどこに眠っていたものか。お相撲さんの町に足を踏み入れたとたんにいきいきと甦った。

八角部屋、錦戸部屋、間垣部屋、花籠部屋……。ふだんなら雲つくばかりの大男が浴衣にセッタ、鬢《びん》付け油をプンプンさせて歩いているところだが、大阪春場所千秋楽の当日ときて、どこも部屋ごと大阪に移動している。しんとした無人の建物が通りに黒い影を投げかけている。

総武線のガードをくぐって清澄通りを南に行くと、足袋資料館の前にきた。「資料館」というと大層だが、足袋を作りつづけて約二百六十年、喜久屋足袋本舗十一代目の宮内梅治さんの仕事場兼店先兼陳列窓。看板の喜久屋に「宮内庁御用達」と小さく添えてあるのがほほえましい。しっかりしたつくりの履きごこちのよさが、やんごとないところに聞こえ、「足袋は両国の喜久屋にかぎる」とあいなったのではあるまいか。

梅治さんは先年、病気で倒れ、幸い回復したが、職人の誇りが鈍った腕を許さないのだろう、製作はスッパリとりやめ。

「作り置きがなくなるまで、あと二、三年でしょうか」

娘さんがややさびしげにおっしゃった。仕事の道具が、つい昨日まで使われていたふうに置いてある。素人にはただ黒ずんだ板台と丸い棒としか見えないが、これがあの足型をした独特の履き物を測り取る。江戸のころの職人尽に足袋師が描かれていて、やはり同じような板台に向かって仕事をしている。

双葉山関　丈　十三文
　　　　　巾　十五文
大鵬関　丈　十四文半
　　　　巾　十五文半
高見山関　丈　十五文半
　　　　　巾　十四文三合
小錦関　丈　十七文

巾　十五文二合

足袋の裏地にメモがしてある。名横綱双葉山にみるように、足の長さよりも巾が重要なポイントのようだ。並外れた巾広があってようやく、「土俵に張り付いたように」と形容される磐石の重みが生まれる。当今流行の悪魔の足のように細くて先の長い紳士靴が、いかに軽薄人間に応じているか、喜久屋さんの足のモデルがはしなくも示していた。

陳列窓がミニ資料館のスタイルで、足袋の歴史がひと目でわかる。使われずに終わりそうなコハゼや布地が丁寧にまとめてあって、同じ木綿足袋でも、黒、白のほか紺《こん》、薄柿色、浅黄色、ネズミ色など、いろいろ変化にとんでいた。

東京都墨田区は近年、「すみだマイスター」運動、「すみだ工房ショップ」運動、「小さな博物館」運動に力を入れている。隅田川の東は江戸のころからの工人町であって、羽子板づくり、べっ甲加工、江戸小紋、錺《かざり》かんざしなど、腕に覚えの職人衆が健在である。ドイツ語のマイスターは「親方、工匠」の意味。個性的な地産を支えるとともに技を伝えてくれる人。足袋職人の宮内さんもその一人だった。

マイスターの工房や店舗をショップとしてあと押しするかたわら、資料やコレクションを一般公開したのが「小さな博物館」である。江戸小紋博物館、べっ甲資料館、金庫と鍵の博物館……。現在では区内だけで二十五館に及んでいる。

本所松坂町といえば赤穂浪士の討ち入りで有名だが、その吉良邸の筋向いが相撲写真資料館。昭和四年より相撲界の写真御用達だった工藤家二代にわたる写真コレクションが、プレハブ三面の壁に展示してある。

「なんだか駐車場みたいだなァ」

「ええ、駐車場です」

写真家に車は欠かせないが、東京場所の開催中は毎日開館なので、車がお向いに間借りしている。「小さな博物館」運動とはいえ、行政は音頭をとるだけで、おおかたは下町人の気っぷにおんぶしている格好だ。

戦前の写真の一つに、巨漢で知られた朝潮（のちの横綱男女ノ川）と先代工藤さんが並んで写っている。立派なおひげの写真家が、まるで大人につきそわれた幼稚園児のように小さく見える。

男女ノ川もそうだったようだが、並外れた巨漢型は、さしていい成績を残していない。この一番に勝てば優勝というようなとき、きっとあっけなく負けてしまう。わが贔屓のヒーローを思い返すと、たいていこのタイプだったのはどうしてだろう？ べつに相撲にかぎらないが、「いざというとき弱い人」が好きなのだ。ここぞのときはアガってしまい、体がコチコチになったり、舌がもつれたりして、本来の力がちっとも出ない。

それかあらぬか、かつての巨人タイプは表情がやさしく、こころもち悲しげだ。幼いころ「電信柱」とか「百貫デブ」などのあだ名で、からかわれたのではないだろうか。平均的なものを優先する社会にあって、規格外の大男は肩身がせまい。唯一相撲界は、このタイプが大手を振って歩ける世界である。わが独断だが、巨漢型が悲哀の表情を捨て、ヘラクレスの体軀を誇らかに示しだしてから、相撲道はスポーツビジネスに転身したような気がする。

工藤写真館には相撲写真資料館と並び、「両国相撲甚句会事務局」「全国相撲甚句会事務局」の看板が下がっている。

「こちらのほうがお忙しいのでは？」

「まあ、そうですね」

やにわに相好がくずれ、天下の美声が返ってきた。ご主人の心づくしの相撲甚句に送られて、行き先は回向院——。

二所ノ関部屋、大島部屋、時津風部屋、出羽海部屋、春日野部屋、井筒部屋、道すがらに寄っていったが、どこも玄関がピタリと閉ざされて、とりつくしまがない。ファンあっての業界として多少とも怠慢なのではなかろうか。部屋ごとにシャレたスタンプを用意して、スタンプラリーを考えてもいいだろう。

「わが部屋の力士たち」

顔写真つきで力士の卵が紹介され、勝ち星、活躍ぶり、部屋つきの親方衆のひとことがついていたりする。そんなチラシがあってもいい。パソコンを使えば、すぐにもつくれる。「両国にぎわいMAP」を片手に、町歩きをしている人が少なからずいるのである。根っからの相撲好きであって、そんな人たちにそっと手引きをするようなサービスが用意されてはどうだろう？

相撲部屋にはさまれた通りの一画に「芥川龍之介生育の地」の碑が

据えられていた。大兵肥満の力士像と、骨と皮のように痩せ細った文士像とが結びつかず、しばらくボンヤリと突っ立っていた。説明によると芥川龍之介は、生まれは京橋区（現中央区）だが、生後七ヵ月で本所区（現墨田区）の母の実家に引き取られ、十九歳までこの地で育った。

当時は川沿いの湿地帯で自伝的な小説『大導寺信輔の半生』によると、家のまわりは「穴蔵大工だの駄菓子屋だの古道具屋だのばかり」。家々に面した道は泥濘のたえたことがなく、「南京藻の浮かんだ大溝」は、いつも悪臭を放っていた。

それでも痩せ型の文士は、こよなく本所界隈を愛したようだ。水たまりに映った春の雲に「何かいじらしい美しさ」を感じ、大人になっても夢に出てくるのは、いつも本所界隈の風景だった――。

回向院は明暦の大火による無縁仏を葬ったのが始まり。寛政年間（一七八九―一八〇一年）以降、境内で霊供養の勧進相撲が始まった。知恵者がいて、相撲と宗教儀礼をくっつけたわけだ。興行としての相撲が発展するのはこののちだから、その歴史は意外と新しい。

回向院のフロアに、江戸のころの境内を描いた古版画が掲げてある。参道わきの広い空き地の真ん中に小屋根と四本柱が見える。ついで明治四十二年（一九〇九）、そこに旧国技館が建てられた。写真によるとドーム型の屋根をもつシャレた洋風建築で、収容人数一万三千人、並外れて巨大な建物だったことがわかる。

当時の土俵のあとが円で示してあると聞いたので、参道をへだてた左手奥の複合ビル両国シティコアに寄ってみた。

なるほど、コンクリートの壁が三方にそそり立つ中庭の真ん中に、白っぽい金属を埋めこんだ円が見える。すぐ前が劇場「シアターX《カイ》」で、上演予定のプラカードが立てかけてあって、中庭の謎めいた円と前衛劇の案内が、なぜかよく似合っていた。

両国駅を起点に時計廻りで一周して、現国技館の前にきた。回向院の野天の四本柱から二百年あまりで、これだけの大いなる相撲エリアを実現した。しかも日本相撲協会は理事長以下、すべて元関取衆が幹部として運営している。世界にも類のない特異な業界にちがいない。

本場所開催中でなければ、博物館は自由に入れて無料。インターネットで情報がいきわたっているらしく、青い目や異国語の観光客がつぎつぎとやってくる。なんとなく聞いていると学芸員への質問は、相撲の由緒や歴史といったことではなく、どうすればこんなに大きくなれるのか、チャンピオンはどのようにきまるのか。

「いちばん答えにくいことなんですヨ」

係りの人が小声で打ち明けた。大きくなる方法はともかくとして、グランド・チャンピオンとして綱にいたるまでのシステムが、ボクシングやレスリングとはまるきりちがう。殴り倒したり、おさえこんでいればなれるとは、かぎらないのだ。

その点でいうと、相撲はスポーツ以上に芸能なり文化なりの領域に入ってくる。並外れたチカラビトたちの演じる土の上の勇壮な裸おどり。

自分ひとりの結論に、自分でコックリ納得した。とたんに急に空腹を覚えた。せっかくだからチャンコ鍋をいただいて帰るとしよう。お相撲世界のフランス料理というもの。

しばらく歩いてから振り返ると、陽が西に沈みかけ、夕陽が国技館を赤々と染めていた。モダンなコンクリートの建物が、なにやら愛嬌のある生き物のうずくまっているように見える。龍之介のいう「何かいじらしい美しさ」は、チョンマゲ力士の伊達姿を要約しているようでもある。

ナニがナニして——浅草

わがモットーだが、雨もようの日曜日は「浪曲日和」。いつものように地下鉄浅草駅下車。地上に出たあとは観音通りから仲見世通り。人の流れは雷門と浅草寺を結ぶタテ軸だが、そこを横切っていく。伝法院の裏手にくると、ウソのようにひとけがない。

フラリとやってきて浪曲が聴けるのか？　心配無用、そのための寄席があって、午後から夕方まで、駆け出しの若手から年季の入ったベテランまで、たっぷりとたのしめる。ただし、月のうちの十日まで。一から十の日までなら、いつ行っても気前のいいノドが待っている。五重塔のすぐ西寄り。浪曲定席木馬亭、お昼すぎの開演で、料金二〇〇〇円（二十五歳以下半額）。

番組表に文化庁「芸術創造活動重点支援事業」とあるのは、文化庁から補助があるからだ。「重点支援」とはいえ、ほんのちょっぴりの涙金で金額の少なさに驚くのだが、リチギ者の席亭はプログラムにきちんと明示している。

開演まで、これまた恒例のブラブラ歩き。演芸をたのしむときは、息せき切ってとびこんだりしてはいけない。うんと余裕をもってやってきて、時間つぶしをする。なるほど無用の時ではあるが、あとにたのしみが控えていると五体がいきいきとして、ふだんなら目にとめず気づきもしないことに親しく立ち会える。

西参道入口の浅草観音温泉には何度かご厄介になった。茶色っぽいお湯はレッキとした温泉で、こころなしかあたたまりぐあいがいい。入口に入湯をお断りする二例が掲げてあって、一つは「極端に不潔な方」、もう一つは「イレズミのある方」。

なるほど、わからないでもないが、しかし判断が難しいような気がする。同じ不潔でも「極端」と極端でないのと、どこで分ければいいのだろう？　さらに他人には「極端」でも当人にはごくふつうといったケースもある。

もう一方の「イレズミのある方」にしても、通常はシャツを着てこられるので、イレズミつきかどうかわからない。該当者と判明したときは、すでに当人は料金を払い、全裸にちかい状態なのだ。その段階で入湯を断るのは、かなり困難なのではあるまいか。

初音小路、花やしき通りのまわりは、昭和三十年代にタイムスリップしたような小店が、けなげに商売をしている。そのはずであるが、あまり励んでいるけはいはなく、いつくるともしれぬ客に対して粛然として店をかまえているといった感じである。これほど時を忘却したようなエリアが大東京の盛り場にあるのがフシギでならない。

つづいて浅草六区。かつての映画街はおもかげもないが、名画座が健在なのはうれしいかぎりだ。こよなく映画を愛する昔かたぎの支配人がいるのだろう。三本立て・一般一二〇〇円、シニア一〇〇〇円、学生九〇〇円、朝夕の割引あり。ふところが乏しく心もさびしい人が、ひとときの慰安を見つけるのに絶妙な料金設定というものだ。

ここで寅さんはもとより、鶴田浩二も勝新太郎も藤純子もチャキチャキの現役である。三船敏郎や月形龍之介がこともなげに現れる。やくざ、博奕打ち、渡世人が、パソコンやケータイ無用の活躍をする。月ごとのラインアップに支配人直々の短評がついている。

「……時代に勝てず、後が続かなかった不遇の一本。こういう健サンもしかと見ておくことが、男の役目である」

さりげなく社会と人間の生きざまが伝えてある。

ひとまわりしてもどってくると、開演五分前。ふつう劇場では幕開き前のひとときともなると、次々に駆けこんでくる人がいて、入口やフロアに慌ただしいけはいがするものだが、木馬亭は何ごともない。タバコをすっている人は、ごくふだんどおりにすっている。スポーツ新聞を読んでいる人もいる。壁の予告をながめている人。プログラムは十日分が一枚なので、十日分のメンバーを検分できる。仲入り前に講談が一席、これをはさんで浪曲五席。

名入りの赤い提灯がズラリと並んでいて、華やかなようでもあれば、わびしいようでもある。あきらかに木馬亭独自の雰囲気であって、歌舞伎座や新橋演舞場では、決して味わえない。どことなく元手のかかった人生の味わいとよく似ている。やがて幕がスルスルと上がって、眩しいような舞台になった。

私はひそかに浪曲を「ひとりオペラ」と名づけている。正確には曲師とのふたり芸だが、口三味線で間に合わせると、ひとりでもできる。なんとも豪勢な口舌芸だ。

ひとりで語り、うなり、歌い上げ、タンカをきる。装置は演台と金屛風のみ。演台に金銀縫いとりつきのテーブル掛けがかかっていたりするのが唯一のゼイタクというものだ。オーケストラは三味線かかえた曲師だけ。それもたいてい屛風のうしろに控えていて、チラとも姿を見せない。

オペラの舞台と、なんとちがうことだろう。たいそうな装置のもとにテノールやバスやプリマドンナが入りみだれ、演出、衣裳、裏方その他を含めると、ときには総勢百人にある。さらに何十人ものオーケストラが舞台の下にひしめいていて、指揮者がおごそかに登場しないと劇そのものが始まらない。

「ひとりオペラ」は浪曲師がオールキャストを演じるだけでなく演出も兼ねていて、その日の調子や客のぐあいで自在にかえていく。演者によって節廻しが異なるのが浪曲の特徴だが、この点でもオペラの名テノールとかわらない。語りを盛り上げていくとき、曲師のバチさばきと掛け声が急テンポに高まるが、それでも終始、姿は秘めたままで、オペラの指揮者のように、これみよがしにのび上がったり、両手を振りまわしたりしないのだ。その姿勢はつねに演じる者へのつつしみ深さにつらぬかれている。

広沢虎造、吉田奈良丸、寿々木米若、玉川勝太郎、春野百合子、春日井梅鶯、天中軒雲月、梅中軒鶯童……キラ星のように名人上手がいた。「清水次郎長」「南部坂　雪の別れ」「大石東下り」「寛政力士伝」「大岡政談」「慶安太平記」……。どれといわず「ひとりオペラ」に欠かせないレパートリーだった。「浪曲天狗道場」「浪曲十八番」「浪曲学校」「浪曲玉手箱」「浪曲名人席」「浪曲歌合戦」……。ラジオからたえず子守歌のようにして名調子が流れていた。

木馬亭は、もともとは木馬館といって大正七年（一九一八）にできた。現在は一階が浪曲定席、二階が芝居小屋。世の移り変わりにつれて浪曲が落ち目になった。漫才、落語とくらべ、まるで勢いがない。そんな中で一つの席が、じっと孤塁を守ってきた。

浪曲はラジオには合ってもテレビには向かないといわれる。しかし、それは芸もなくカメラを据えて演者を映しているだけのせいではなかろうか。おもしろくする工夫を一切してこなかった。「ひとりオペラ」だからこそ、よけいに視覚の仕掛けが必要だ。その日の出し物にちなむ映像をまじえ、ドキュメントを差しはさむ。舞台となった町や街道の今昔をとりこむといった手もあるだろう。知恵をしぼれば、とびきりの番組がつくれる。なにしろ語り手のノドは鍛えぬかれているのだ。随所にケレンとよばれるおかしみがまじり、味わい深いプログラムができるにちがいない。多少の手間ひまと、ほんのちょっぴりの予算を惜しんで、これだけの芸能を手もなくみすてていいものか。

うれしいことに若い人がどんどん入ってきた。十日間興行の日替わりに若手が登場する。つい先だってのケースだが、富士琴美、春日井あかり、玉川太福、あずまりえ、玉川奈々福、澤雪絵、東家一太郎、玉川ぶん福、富士鷹雄。ういういしいのがしょっぱなに登場して、まばらに埋まった客席に元気な声を張り上げていた。

おおかたが女性たちである。目を輝かせてこの世界にとびこみ、自分たちで一人会、二人会、浪花節を聴く会をプロデュースして、着実に力をつけている。女性は時代の占い棒であって、彼女たちが目をつけるところには、きっと宝が埋まっている。

仲入りのあとはベテランがたっぷりと得意ダネを二席。ストーリィが入り組んで、「さて」というところで「ちょうど時間となりました」。浪曲はもともとつづきモノの語り芸であって、その日その日に興味を盛り上げていく。いわば巷の千夜一夜物語、みごとなコトバの魔術というものだ。

外に出ると、まだ空が明るい。浅草寺に近づくと、にわかに中国語が耳についた。ゾロゾロと行く人すべてが中国からのツアー客らしい。つづいて青い目の男女、雲つく大男の三人づれ。なじみの場所が、いまやグローバル化とやら、何が何して何とやらのけはいであって、もの珍しくおもしろい。

このたびは夜の立ち寄り先を思案しながらのウロウロ歩き。すしや通り、食通街、たぬき通り、柳小路、観音通り。いつもの豆屋に寄って、はじき玉を買った。昔ながらの店で先祖代々、昔ながらの煎り方で豆を煎っている。

ひと袋をポケットに入れ、夕暮れの時の吾妻橋。水上バスが満艦飾のイルミネーションをつけて下っていく。まっ黒な平底船が波をけたてて上ってきた。豆をポリポリかじりながら、暮れなずむ水面をながめていた。ややしめっぽい川風がここちいい。

「遠くちらちら灯りがゆれる――あれは言問《こととい》こちらをみればァ――」

わけもなく「唄入観音経」のひとふしが泡つぶのように浮かんできた。

だらだら祭り——芝

「東京十社」といって、あちこちに由緒深い神社がちらばっている。ためしにあげると、根津、神田、亀戸、白山、王子、日枝、品川、富岡、氷川、芝。権現さま、明神さま、天神さま、お稲荷さん……。まことこのニッポン国は神さまがどっさりいらっしゃる。

それぞれ特色のある祭礼があって、季節ごとに巡ってくる。「うそかえ神事」で知られる亀戸天満宮が一月、神田明神のお祭りが五月、品川の天王祭が六月といったぐあいだ。歴史をたどると千年をこえるといった神社が多いので、町会や氏子がしっかりしており、お祭りにも熱が入る。

それはいいのだが、日取りが宵宮を入れて二、三日なので、おりあしくその前後がままならなかったり、気がついたら終わっていたりする。

その点、芝大神宮の秋祭りは十日間もあって安心だ。九月中旬の三分の一がお祭りである。とにかくのんびりしていた江戸の人も、さすがにだらだらといつまでもやっている気がしたのだろう。別名が「だらだら祭り」。

ＪＲ浜松町駅は羽田空港と結ぶモノレールの始発駅だ。見るからにそれらしき人がせかせかと乗換口へ移っていく。その流れからこぼれ出ると、やたらにノッポのビルがそびえていた。「世界貿易センタービル」といって、高さ一五二メートル。ついでだからのぞいていくと、あいうえお順にオフィス名が掲げてあって、アイティ・コミュニケーション、アオイ電子、アメレックス・エナジー・コム、イーグル・ヴィジョン、イーピーエムズ……カタカナ会社が並んでいる。おしりの「わ」のところに株式会社ワールド・トレード・センター・ビルディングとあるから、ビル全体が一つの会社のようだ。こちらもやはりそれらしき人が小走りにエレベーターへ向かっていく。

ブラブラ歩くこと十分たらず、雰囲気がガラリと変わって「芝神明商店街」の古ぼけたアーチ。三段重ねの提灯に墨くろぐろと芝浜町会、第一文眞堂、水谷薬局、浦山自動販売などと書いてある。こちらはカタカナは少数派で漢字組が健在である。

芝大神宮は伊勢神宮を分祠したというが、二〇〇五年に鎮座一千年祭をしたというから始まりはずいぶんと古いのだろう。何度も焼けて、現在の建物は昭和三十八年（一九六三）の完成。拝殿ごしに東京タワーが見えるが、塔とほぼ同世代ということになる。

十日つづく祭礼の初日なので、やっと準備がととのったというところ。江戸小紋の半てんを着た人がテントの張りぐあいをたしかめたり、若い宮司さんと打ち合わせをしたり、なんとなくウロウロしたり。きっと町会で役員や分担をきめたのだろうが、それがまだ十分に機能していなくて、氏子総代が気をもんでいる——。

こういうところに落ち合うのはうれしいものだ。芝居の楽屋裏をのぞいている感じで、各人それぞれが自分の持ち場を確認中。そこでは裏方が主役で、あれこれ指示がとび、手直しがされたりする。マゴマゴしていると雷が落ち、そんな中からしだいに態勢がととのって、晴れ舞台の緊張が高まっていく。

土地の人は「大神宮」などといわない。「神明《しんめい》さま」である。芝神明とくると「め組の喧嘩」を思い出す人もいるだろう。歌舞伎の「神《かみ》明恵和合取組《のめぐみわごうのとりくみ》」でおなじみだ。実話にもとづいているそうで、芝一帯の火消しが「め組」。境内で相撲興行中のこと、相撲取りと火消しの鳶職のあいだでモメ事が起きた。半鐘を叩いた者がいて、それで血の気がのぼり双方入り乱れての大喧嘩になった。

そのときの裁きがあざやかである。子どもの喧嘩のような一件に罪人を出すのはオトナ気ないと考えたのだろう。ちょっとしたもめ事をオオゴトにしたのは半鐘である。半鐘が悪いのだ。よって遠島を申しつける。

お神輿や獅子頭に並んで問題の半鐘が展示してあった。いちど八丈島に流されたあと、恩赦にあってもどってきたらしい。真偽はさておき祭礼には、いわく因縁のあるおどけものがきっとまじりこんでいるものだ。

江戸端唄によると「芝で生まれて神田で育ち」が、江戸っ子の一等品だそうだ。かつての芝の浜は漁師村であって、江戸前の小魚を一手に扱っていた。落語の「芝浜」に見るとおり、魚屋はしらしら明けに芝の雑魚場《ざこば》へ仕入れにくる。そんなところから芝の生まれが「イキのいい」の同義語になったのだろう。

拝殿の奥で巫女姿の娘が三人、大きな扇手を握って踊りの練習をしていた。プログラムに「巫女舞」とあるから、そのための予行演習のようだ。リーダー格が何度も手本を示して、手の向き、足の位置をくり返す。三人とも真剣な表情で、白と赤のいで立ちとあいまって、さながら神の御子《みこ》というものだ。

テントづくりの売店に生姜《しょうが》が並べてある。芝神明のだらだら祭りは生姜市を兼ねていた。浜に近い土地は作物に乏しいが、生姜には向いていたのだろう。ピリリとした味から風邪の予防、さらに眼病にも効くとされていた。市の立つ必要から十日間という長い期日が生まれたのかもしれない。

売店担当を仰せつかった人が厳粛な顔で控えている。いつもは漢字名の商店の専務さんではあるまいか。絵馬の値段をきくと、ゴホンと咳払いしてから「ハイ、八〇〇円いただいております」。

拝殿がかなりの高みにあるので、夕もやにつつまれた参道がよく見える。街灯がともって、ひときわ提灯が明るい。長丁場の初日であれば、人出はチラホラで気持がいい。

江戸小紋のハッピ姿がワラワラとやってきた。威厳のある老宮司と中年の宮司がテントの前で待ち受けている。売店担当の専務にたずねると、またもやゴホンと咳払いしてから、「みタマ入れでございます」

と教えられた。さる篤志家から宮神輿を奉納され、お披露目に先立ち「神霊移し」の儀式がある。

老宮司が祝詞《のりと》を唱え、ハッピグループが神妙に頭を垂れている。つづいて明かりがいっせいに消えた。神霊を入れるには闇がなくてはならない。中年宮司が「オー」と声を出して神輿の左右・正面を浄めていく。一つのシーンに息つぎをしないきまりがあるらしく、「オー」がずいぶん長いのだ。ためしにまねてみたが、とても息がつづかない。神職の人は白服でバチをもって立っているだけだと思っていたが、こんな特技の持ち主だとは知らなかった。

中年宮司の息子らしい若い宮司が太鼓をドンと叩いて儀式が終了。街灯がパッとついて、神の世界から人の世に立ちもどった。

何やらいいものに立ち会った気分で、足取り軽く参道を出た。一帯はビルずくめだが、それでも商店街にはチラホラと旧来の店が残っている。創業寛政三年のソバ屋、大正調の洋食屋、ふとん屋、酒屋、八百屋。きっと以前は魚屋、お茶屋、荒物屋、カバン屋、靴屋などもあったのだろう。地域社会の最小単位が消えかけ、いわばその瀬戸ぎわ。世界貿易センタービル的潮流を、神明さまが辛うじて押しとどめている感じである。

「創業百有余年、真心こめた手彫りの印を作り続けております」

ガラス戸の向こうに、いかにもガンコそうな老人が鼻先に眼鏡をずらして新聞を読んでいた。ご主人と同じく店の構えに粛然とした風格がある。よく見ると出っぱった陳列台に手書きのコピーが添えてある。

「芸術家、粋人、歌人、風流人、俳人、文化人、知識人、そして良いハンをお持ちの方は本朱肉をお使い下さい」

どうして芸術家と歌人のあいだに粋人が入り、歌人と俳人のあいだに風流人が入るのか？　朱肉にもただの朱肉と本朱肉があるらしいが、何によって「本」がついたりつかなかったりするのだろう？

よく見ると「現品限定セール」とうたってあって、「現品」「セール」があざやかな朱色で強調してある。値段も四四〇〇円が二七七二円、五一〇〇円が三二一三円と、こちらも朱色で×をつけて訂してある。おそろしく半端な値段は何によるのか？　いくつもの疑問を反芻しながら、しばらく通りに佇んでいた。

神詣にはお神酒《みき》がつきもの。創業寛政三年のソバ屋でチビチビやっていると、六人ほどのグループが入ってきた。顔に見覚えがあると思ったら、さきほど神輿の神霊移しに立ち会っていた人たちである。無事初日を終えて担当役員の慰労会とみえる。

しばらくしてよく肥ったのと、痩せ型の女性が二人。グループのなかの二人の奥さんであって伝法なやりとりのあと、隣りのテーブルに腰をすえた。さっそく男性グループからお銚子のさし入れ。

顔と体軀に特徴があって、あきらかにモノレール・空港急ぎ組や世界貿易センター・タイプとちがっている。概して丸顔で、体がズングリしていて、色黒、笑うと童顔になり、声が大きい。

小さな仕切りの奥で若い男女四人が天ドンを食べていた。こちらも顔に見覚えがある。巫女舞の三人娘と中年宮司の息子とおぼしい若い宮司である。こちらも初日のプログラムを終えての慰労とみえる。

三人娘はすこぶる食欲旺盛で、たくましく食べ、またたくまにたいらげた。やがてTシャツにジーパンの立派なお尻が、わが目の前を通っていった。

商いづくし――浅草橋

年の初めはお参りにいく。信心ずくではないので、神さまだったり、仏さまだったり、お稲荷さまだったり、わりといいかげんである。いちおう手を合わせ、お願いをすると気がやすらむ。心のサプリメントといったところだ。

以前は何やかやおたのみしたが、このごろは欲がなくなったのか、

「健康でありますように」、ただこれだけ。一つにしぼると効き目があるのか、ここ何年というもの、風邪ひとつひかない。多少とも血圧が高いが、これはもって生まれた体質で、神仏にもどうにもなるまい。

その程度のお参りだから、あまり立派なところはおそれ多い。それとなく気にとめていると、ちょうどいいのが見つかるもので、その名も「下町八福神」。いずれも隅田川のほとりにある。正式には「東京下町八社福参り」といって、八つのお社《やしろ》から八つの福を授かり、ついては「八方除《よ》け、八方開き」、末広がりの人生に恵まれる――。

少し欲ばりすぎているようなので、念のために問い合わせると、神社ごとに御利益《りやく》がきまっている。鷲《おおとり》神社は「商売繁昌」、今戸神社は「縁結び」、水天宮は「安産子授け」、小網神社は「強運厄除」……。

ほかに「円満和合」「学問芸能」「交通安全」、さらに一つが「健康長寿」である。どういう理由で担当がきまったのかは不明だが、健康部門は台東区蔵前の第六天榊《さかき》神社、通称が「サカキさま」。ことのついでに「学問芸能」と「交通安全」に立ち寄るとしよう。

下車駅は総武線浅草橋駅。前の広い道は江戸通りといって、川沿いにのびている。裏手に入ると大きな石の鳥居と「初詣」の立て札が見えた。背後に大イチョウがそびえている。まだけっこう葉を残していて、黄金色に染まった枝を元気よく冬空に差しのべていた。

形どおり手を合わせると用がすんで、なにやら身軽になったぐあいだ。あらためて看板をながめたところ、「健康長寿」のほかに「営業繁栄」「工事安全」「諸願成就」とある。担当は一つだが、ほかにもいろいろ兼ねておられる。

浅草橋周辺は人形問屋が軒を並べていて華やかだ。歩いているだけで気分が浮き立ってくる。時節がら入口に羽子板がズラリと飾ってあって、色白・面長・花かんざしの美人が何列にもなって、じっと通りを見つめている。

いったい誰が考案したものか、「押絵」である。綿につつんだ布地で花や鳥や顔をかたどり、それを板に張りつけていく。そういえば江戸川乱歩に「押絵と旅する男」という小説があった。押絵美人に恋をする男の物語で、なるほど、押絵にはそんな魔力があるかのようだ。立体のようでもあれば、平面のようでもあり、平《ひら》べたいはずなのに角度によっては、奇妙なヴォリュームをおびて迫ってくる。

おおかたが埼玉県岩槻の産だとか。江戸通りは昔の奥州街道であって、岩槻の人形商人が、花のお江戸の入口に出店を設けたのに始まるのだろう。米蔵の並んでいた蔵前や、浅草観音参りの入口でもあって、いかにもいいところにショールームをつくった。

はじめて知ったが、この辺りには人形以外にも、いろんな卸業者が集っている。おそろしくこまかく「特化」していて、そのためいちいち商品名をあげるまでもないのだろう。軒に大きく、扱いものを掲げるだけでいい。

「紐」
「花火」
「風船」

「ウレタンとスポンジゴム」

紐屋はたしかに紐だけ売っていて、店先といわず店内といわず、ありとあらゆる紐がぶら下がっている。花火屋は全店これ花火。風船の店は風船のみ。わきに小さく「名入れ／ヨーヨー」と添え書きされている。買物のおまけでもらった風船をふくらますと、表面に店名が大きくあらわれるものだが、そういった「名入れ」の工程も引き受ける。ヨーヨーは中に水が入っているだけのちがいで、考えてみれば風船にちがいない。

人の暮らしはさまざまな道具や局面を必要としていて、その一つを「ウレタンとスポンジゴム」の卸商がになっているのだろう。かなり専門職に入るらしく、ショーウィンドウには、色あせた見本が無雑作に積み上げてある。

そのうちわかってきたが、卸の商法は大きく二つに分かれるようだ。一つは昔ながらの屋号を掲げ、ところ狭しと商品見本を並べる旧来型、いま一つは大胆なデザインとカタカナどっさりの当世型。同じ風船問屋でも、向かいの店はカラーの横文字でBalloonとあり、そこにDream realizerとつけてある。よくわからない英語だが、きっと夢のある人が新しいスタイルで始めたのだろう。

「タオル」は、まさにタオルだけの店、「鈴」は各種の鈴、「袋物金具」は袋物に付属した金具だけを扱っている。そんななかで「灯りとお香の専門店」はわかりいいが、「天然石　淡水パール　本真珠　象牙製品」となると難解である。「淡水パール」は淡水産の真珠という意味だろうが、「本真珠」とは、どの点でどうちがうのか。ことによるとパールと真珠は別物であって、さらに真珠と本真珠にも業界筋では、しかるべき区別がされているのかもしれず、そういったこともまた人間の暮らしの局面に応じてのことにちがいない。

気がつくと、午後の陽ざしが西に傾きかけている。なんの気なしに蔵前橋通りの角までくると、やにわに「蛇善」の二字が目にとびこんできた。となりあって「まむし」。しばらくあっけにとられて見つめていた。大東京の大通りで蛇やまむしに出くわすとは夢にも思わなかった。

たしかに蛇のお店である。前に扱い品目が一覧にしてあって、まむし、縞蛇《しまへび》、各種黒焼。ほかに猿頭、狐の舌、水蛭……。品目の一つに

「膽臓」とあるが、いったい、いかなる虫だろう？　「孫太郎虫」とあるのは読み方さえわからない。

ガラス戸ごしにのぞくと、中は研究室のような粛然としたつくりで、白衣をつけた人が机で書きものをしている。ヒマ人がノコノコ入っていくような雰囲気ではないのである。

以前、奄美大島でハブとりの名人という人に出くわした。クビのところをきちんとつかめば嚙まれることはないそうだ。その人のつくった「ハブ酒」というのがあって、とても精がつくとのこと。グラス一杯で、すぐさま「カァちゃんのとこへすっとんでいく」とかだった。ためしにいただいたが、人によってちがいがあるらしく、べつにすっとんでいく事態にはならなかった。

蛇は精の強い生きものだから、使い方しだいでさまざまな効能があるのだろう。ショーウィンドウに、まむしほかが十匹あまりいた。細いのや太いのや、しま模様のや黒っぽいのが、てんでに身をくねらせている。どの蛇も、それぞれ太さと長さが絶妙にピッタリで、また蛇そのものの好みによる曲線がうっとりするほど美しい。

白衣の人はいぜんとして端然と書きものをしている。蛇の目はまばたきをしない。射るような目つきで、じっとこちらを見つめている。

なんとも楽しい界隈である。ここでは淡水パールとまむしがとなりあっている。「文久二年創業」のつくだ煮の店とドコモショップが軒を接していて、右書きの「原歯科醫院」のわきに「何か得した気分㈱ＯＷＣ」のビル。

ギフト商品卸の店は、お歳暮、記念品、引出物など常時五万点を揃えるのみならず、それぞれに四文字熟語があてがってあった。つまり、「拍手喝采のコンペ商品」「感慨無量の引出物」「一喜一憂のパーティーグッズ」ほか十分類。「誠心誠意の仏事法要品」のあと、一つだけ「正々堂々と粗品」とあって、何げない「と」の使い方にも創意と工夫、誠心誠意ぶりがしのばれるのだ。

駅近くにもどってくると、ほのかな匂いが通りに立ちこめている。こころなしか、けむりもうっすら漂ってくる。たどっていくと裏通りに入り、立ち飲みのヤキトン屋の前にきた。

「イラッシャイ、奥へドーゾ」

声にのせられ奥に向かうと、小学生が使うような小さなテーブルと椅子が並んでいる。

「おひとりサン、8番へドーゾ」

小学生のように従順に席にすわる。すぐさま注文、待つまもなしにビールとヤキトン、流れるようにスムースなシステムになっている。ビールからショウチュウのお湯わりに移ったころ、カフカの訳本の増刷につき、誤植の確認をたのまれていたのを思い出した。ひとりで飲んでいると、なぜか急に仕事に目覚めたりするものである。

「カフカさん？」

声をかけられ、本から顔を上げると、となりの小学生席からハンチングを頭にのせた人が首をのばしている。鼻先が南天の実のようにまっ赤で、もうかなりデキあがっている。先ほどからながめていたが、おもしろそうな本なので、よかったらゆずってもらえないか、とのこと。近くのビルの建築現場でトラックの誘導をしているのだそうで、トラックのこないときはヒマでしかたがない。

つづいてカフカさんとの関係を問われたので、仕事を手伝っているような仲だと答えると、そういう縁ならば、なおさらゆずってほしいと、もつれる舌で懇願された。

「あまりおもしろくありませんヨ」

どうぞといって差し出すと、ハンチングをとってペコリと礼をして、ガバと立ち上がり、よろつきながら出ていった。

Ⅲ　密かな楽しみ

マイ・アンダーグラウンド・シティ——八重洲地下街

都心のちょっとしたところに小さな町があって、よく寄っていく。足の向かうところはだいたいきまっていて、まずは古本屋をひやかす。思いがけないのが手に入ると、カフェで一服。ひとしきり本の味見をしてから、おつぎは酒屋のショーウィンドウ。スコッチやコニャックのとっておきが並べてある。

グレンリベット　33年物　七九、八〇〇円

ボウモア　38年物　二八八、〇〇〇円

目を丸くしてながめているだけ、買うことはないが十分に酔いごこちがしてくるものだ。

すぐ近くの居酒屋に、酒の銘柄が黒い板に書き出してある。天狗舞、一ノ蔵、出羽桜、菊正宗、八海山……。とっくに営業中だが、まだお昼前であることを自分にいい聞かせて素通りする。

そのうち予備の合鍵のことを思い出したり、手紙を投函し忘れていたのに気がついたりして、その足で合鍵屋、つぎに郵便局前のポストと廻っていく。

腹ぐあいをたしかめて、お昼は麵類にするか、御飯物にするか、サ

ンドイッチがいいか、などと思案しながら歩いていく。麺類ならうどんかソバかラーメンかスパゲッティか、さてどれにするか。うどんといっても讃岐うどんもあれば名古屋の味噌煮こみうどんの店もあり、博多うどんも待ち受けている。隣り合って「ちょっと一杯よりみちセット／生ビール、枝豆、冷奴、おでん」の古典的看板。午前中から店を開けているのが、この町の特色である。

小さな町だが、とにかく何だって揃っている。靴、服、アクセサリー、文房具、メガネ、タバコ、薬、本、カメラ……。証明写真、銀行コーナー、ヘアサロン、ギャラリー、レンタカー、歯科、クリニック、旅行会社、足裏刺激のリフレッシュハウス……。小さな町に立ち寄るだけで、この世の暮らしのおおかたをすませられる。欠けているとしたら、葬儀屋ぐらい——。

東京駅より徒歩一分。ファッションや日常グッズ関係が九十軒あまり、食べ物関係が約七十軒。ほかにさまざまなサービス部門が二十あまり。ひっくるめて「八重洲地下街」という。英語だとYaesu Shopping Mall。「モール」、つまり車の入ってこない商店街。こちらはひそかにマイ・アンダーグラウンド・シティ「やえす町《まち》」と名づけている。このクルマ社会にあって、車いっさいを閉め出した町なのだ。

東京駅八重洲口のすぐ前が外堀通り。その地下にあたる。これと交叉する正面の大通りを八重洲通りというが、その大通りの地下にも伸びていて、そのため逆T字型をしている。ガイドマップに「八重洲地下街株式会社」とあるから、全体を一つの会社が運営・管理しているのだろう。

通路にはレモン・ロード、ローズ・ロード、オリーブ・ロードといった命名がされ、まん中の広いのがメイン・アベニュー。地下通路だが天井が高く、明るい大通りの気分であって、この点でも立派な「町」というものだ。

わが行きつけの店のメニューはタテ長の本のかたちをしていて、トビラに古い写真をあしらった説明がついている。見慣れているので全文を暗記しているが、「昭和20年代、ここ八重洲で私どもは〝大衆食堂金楽〟としてスタートしました」。これが書き出し。写真は昭和二十七年（一九五二）頃とあって、八重洲中央口前にまだ都電が走っていた。「以来60年余り、地下街開設とともに、屋号を変えて」現在もつつがなく営業をつづけている。

店には開業このかた変わらない「こだわり」があるという。一つ、食材は毎日築地に仕入れに行くこと。一つ、料理はなるたけ板前の手仕事でこなすこと。一つ、飾らなくとも心のこもった接客をすること。おいしい食べ物屋のあるべき姿を、的確に三行にまとめている。

旨い料理は食べたいが「本格的な料理屋は敷居が高い」といったお客さま、どうぞ、ごひいき願いたいというのだが、世の中にはそんなお客さまが少なからずいるのである。たとえばよく顔を合わせる男性だが、いつも野球帽をかぶっておられる。食べるときもかぶっている。こういう野球帽オジさんは「敷居が高い」ところで歓迎されず、ご自身も敷居の低いところをよく知っている。

八重洲地下街は全国に数ある地下街のなかでも、とりわけ成功した一つではあるまいか。首都圏の玄関口のすぐ下という地の利を得ただけではないだろう。運営・管理がいきとどいている。

たとえば店揃えだが、ロードによって微妙に特徴が違えてある。逆T型の一方は、八重洲通りに並ぶオフィスビル、銀行、大手の会社の本社などの地下通路であって、生活色をおびた店が多い。靴下、ワイシャツ、ネクタイなどの専門店、ランジェリー、書画材・額縁、ゴルフ用具、ケータイ、フルーツの店、せんべい・甘味、薬局、時計、茶、化粧品。サラリーマンやオフィス勤めの女性が行き帰りや昼の休みに重宝している。

婦人服やブティックも銀座のブランドの店的ではなく、ここでも「敷居の高さ」がいいぐあいに落としてある。わがなじみの古書にしても、一般書、やや目きき向き、古書マニア向きの分割展示方式であって、それが「町並み」にほどのいい変化をつけているのだ。

食べ物の分野にも同じような工夫が見てとれる。麺、飯、肉、魚、それぞれの店のあいだに、カレーショップ、スープ、オムレツ、餃子、牛たんなどの専門店がほどよくまじっている。中国料理、イタリア料理のメジャーに韓国やタイのマイナーが仲間入り。

営業時間の点でも、この「町」の仕組みは健全である。夜っぴて店を開けるなど、もってのほか。ファッション・生活雑貨・サービス部門は、10：00―20：00、レストラン・カフェ関係は、9：00―22：00

の原則が定めてある。

ただし官僚的ルールの運用ではない。朝食をつくる店は早朝七時の開店で、サラリーマンや旅行者の便宜をはかっている。さらに「食べる」「飲む」のうち「飲む」の比重の高い店は、22：30／23：00の二段階閉店制を認めている。それもポツンと一店だけだと飲んでいてもさびしいものだが、同じ時間帯の閉店組が、ほどよく並ぶ配慮がされている。飲み助の微妙な心理を、こころ憎いほどよくつかんだシステムといえるだろう。

旅行者は時間にせかされているし、寄り道のサラリーマンには帰宅の電車があり、また一日の疲労をかかえている。それをおもんぱかってだろう、何によらず注文すると、すぐに出てくる。どうしてこんなに速くできるのか。神業にちかいほどだ。どの店もそうなのは、ことによると八重洲地下街株式会社がテナントに対して、入居条件の一つにしているのではあるまいか。

閉店のお知らせ

開店のお知らせ

二つのお知らせがくっついて立っていた。アキが出ると、すぐに入居組が待っているらしい。

英語標示にあるとおり「車の入らない商店街」であって、配達の車が人を分けて入ってくることもない。警笛に脅かされることもなく、この小さな町では、人は自動車や信号をいっさい忘れていられる。

では、いったい、どうやって商品を運びこんだり、ゴミ類を搬出したりしているのだろう？　なにしろ多種多様の店がひしめき合った町なのだ。特選洋品のとなりの店先に、たこぶつ、つぶら貝さしみの模型が並んでいる。メゾン・ダジュールや、ニューヨーカー・ウィメンズの筋向かいでは「店長のおすすめ」、辛味大根ざるそば、ちくわ磯辺揚げがお出ましだ。しかもスーパーのように裏手から一気に搬入というわけにいかない。

気になったので、先日、仕入れ業務を想定しつつ、ゆっくりと歩いてみた。地下街の地下は二層式の駐車場になっている。収容台数約六〇〇台の大きなもので、地下の町の地下である。

注意して見ていくと、オリーブ・ロードやレモン・ロードの端ちかくに小さな空間があって、店名入りの手押し車が置いてある。エレベーターは下向きのマークだけ。一般の駐車場とはべつの業務用の駐車場があって、そこから多種多様の商品が運びこまれ、また運び出されているのだろう。早朝なり、深夜なりに手押し車がめまぐるしく往復して、行きかう客のつゆ知らないところで、黙々と業務が進行している。

疑問がとけたら急に空腹を覚え、「微笑みの国、タイの伝統」に引かれてタイ料理の店で麺類にした。熱いスープに入っていて肉団子つき、湯麺仕立てである。

当然のことながら味、舌ざわりがちがう。たずねてみると、原料は米だそうだ。考えるまでもなく当たり前で、タイは熱帯性の土地であり小麦はできない。広大なデルタ地帯があって米の大生産国である。

わざわざ輸入した小麦で麺をつくるまでもない。

タイ人は指で食物をつまんで食べるのがふつうだが、熱いスープの麺は手づかみにできない。これればかりは箸を使う。

「ナルホド、ナルホド」

また一つ勉強をした。出るときに気がついたが、入口にタイ国王夫妻とおぼしい写真が額入りで掲げてあった。国王陛下のお招きにあずかったぐあいである。

一日古書めぐり——早稲田・本郷・神田

秋風に誘われて古書店巡りを思い立った。なにしろこの夏は暑かった。連日の猛暑つづき。俗に「脳ミソ」というように、頭の中味もミソ状をしているらしく、暑い日がつづくとムレるのだろう。わが頭ながら情けなや、一面に青カビが生えた感じなのだ。

古本街廻りは別名キョロキョロ歩きである。古本がおめあてだが本だけにかぎらない。あらぬところに立ちどまったり、看板をしげしげとながめたり。

キョロキョロ歩きは脳ミソにとって悪くない。ぬかミソをかきまわすのと同じで、ムレぎみだったのが多少とも活性化する。そういえば高見順が詩をかりて推奨している。

このまま衰へては僕もいけません
旅をしてすこしキョロキョロしたいと考へます
頭からのなしくづしの滅びはつまりません

古書店巡りは足の散策、見ようによれば古本に引かれた小さな旅だ。

まずはＪＲ山手線高田馬場駅下車、ゆるゆると早稲田通りへとやってきた。通りの左右、また近所まわりに古本屋が約四〇軒、神保町についで大きな古書店エリアである。

しょっぱなの店から順に廻るのはシロウトのやり方、そんなことをすると一〇軒もいかぬうちに疲れてしまう。いい店かどうか、自分にとって大切な本がありそうか否か、先にそのあたりを見きわめて入ったり、パスしたりする。では、何をもって判断するか？

たいてい古書店の店先には、往来につき出すかたちでゾッキ本の台がある。「百円均一」などと銘打ってあり、棚からのはみ出し物、ついい先年のベストセラーやハウツー物が多い。ワッと出たものはワッと消えていく。消える前にひっかかった本のゴミたち。

そのなかにしぶい良書や、店主にはゴミでも自分にはわりと関心をひく本がまじっていることがある。そんなときはあらためて看板に目をやる。「古書売買」といったそっけないのがふつうだが、店名、あるいは字体に工夫がこらしてあったりするし、看板なり文字の古びぐあいで店の年季がわかる。さらにガラス戸ごしに棚の本をチラリとのぞく。奥の主人が目に入る。

習練をつんでくると、「ゾッキ本・看板・ガラス戸ごし」の手順が一、二分で終了する。古本屋の主人が持ちこまれた本の値踏みをするように、古本好きは往来に立って、さりげなく古書店の値踏みをしている。

もともと本自体がヘンテコな商品なのだ。自然法則からいえば、すべて生あるものは誕生のあと、衰退の過程をたどって消滅する。父親はいずれ息子にとって代わられる。ところが本だけは衰退と退場のあと、古書店の棚でよみがえり、くり返し誕生する。ここでは父親が息子をこえて、齢とともに若くなる。

古書店の主人はおおかた中・高年男性だが、三楽書房には珍しく、品のいい、かなりの年輩の和服の女性がすわっていた。棚の本の揃いぐあいがいい。店主の好みなり関心のぐあいが伝わってくる。ただそれがどうも年輩の和服の女性と結びつかない。若さがなくては揃えられない本なのだ。

「いい本が並んでいますね」

遠まわしに問いかけると、すぐに答えが出た。いつもは息子がいるのだが、留守のあいだは自分が代わりにすわっている。

「いい本だけど、あまり動かないでしょう」

勘ができると、この辺りのことまでもわかるのだ。臨時の店番がうれしさ半分といった顔をした。わが子の本の選び方はいいとしても、商売となるとハラハラさせられる。そんな日常が見えるようだ。

『和辻哲郎全集』全二七巻、『河上肇全集』全三六巻、矢田挿雲『江戸から東京へ』全九冊……。どれも〇が一つ落ちているのではないかと思うほど安い。一冊あたりにするとタバコ代にも足りないのだ。

「本が可哀そうな感じ」といった意味のことを言うと、和服の女性が無言でうなずいた。

帳場の背中にあたる棚は、いま一度の店の吟味の参考になる。多くの場合、そこには主人の「とっておき」が並べてある。売り物ではあるが、とりたてて売れなくてもかまわない。盆栽好きが手塩にかけた盆栽をながめるように、主人がときおり目を細めて見上げている。

その棚に恩地孝四郎『日本の憂愁』があったのでいただいた。価格は八五〇〇円。若い主人は帰宅後、少しうかぬ顔をして本のスキ間をながめていたのではなかろうか。

早稲田ではこのあと、五十嵐書店で松崎天民『銀座』を買った。昭和二年（一九二七）刊行本は美本として知られていたが、これはのちの覆刻本なので価二〇〇〇円ナリ。本は読めればいいのであって、べつに初版などには執着しない。

ならば図書館で借りてくれればいいようなものだが、画家・詩人・装幀家恩地孝四郎が死の直前、自作の詩にデザインをほどこし、装幀した一冊や、天民先生の昭和初年の銀座案内といった「夢の書物」は、整理番号がついていたり、ゴム印が押してあったり、あるいは文中に線が引っぱってあると、とたんに夢の要素が消えてしまう。当座の役に立つものは図書館でまにあわすとして、夢みるためには気前よく財布をひらくこと。

地下鉄東西線、大江戸線を乗り継いで、東大農学部前。その間は実質所要時間は一〇分あまり。手に入れたばかりの本を取り出してみる。もはや自分のものであり、あとでじっくりひらけばいいはずだ。うっかり本をひろげていると、あわてて駅にとび下りるハメになるのはわかっているのに、それでもやはりそそくさと取り出してみる。古本があきらかに新刊本とはちがう点であって、モノであって同時にモノノケに似ており、たしかに手中に収めたことを確認しないではいられない。

本郷界隈には古書店が二十五軒あまり。天下の東大を控えているせいか、古典籍碑法帖印譜の南陽堂書房とか、古典籍・学術書・中文書の琳琅閣書店とか、美術関係書の柏林社書店とか、店がまえが厳めしく、扱い方も本や書物というより書籍といったかね合いで、いささか入りづらい。静まり返った店の奥に一家言ありげな店主の姿が見えたりする。

そんななかで森井書店とアルカディア書房は、わがひいきの店だった。一つにはひところ、かりそめにせよ東大の教師をしていて、勤め先は気が重いだけだったが、帰りに寄っていける古書店のことを思って我慢していた。いまわが仕事場の背中の書棚には、その間の寄り道土産が収まっている。

勤めをよしてからというもの、ついごぶさたをした。そのため土地勘が鈍ったらしく、よく見知った通りのはずなのに、なにやら初めての街並みに見える。

「ヴァリエテ本六　Gallery and Books」

一方のガラス戸には物々しい金文字で古風な店名がついているのに、もう一つのガラス戸はまるで別物だ。のぞきこむと木組みの天井に淡い黄色の壁、書棚とオープンスペースとが、とてもいい配分になっている。

父親ゆずりの老舗の古本屋を娘が受け継ぎ、Booksを半分にして半分をGalleryにした。現代画家の新作展、朗読会、ミニ演奏会……。棚の古書たちはおりにつけ絵筆と並び合ったり、ギターの音色につつまれている。古書店の新しい生き方の一つにちがいない。イキのいい「現代」と並ぶのは古書にとって幸運なこと。古いからこそ新しい。その新しさが、にわかによみがえってくるものだ。

「本六」とは本郷六丁目のことで、ヴァリエテ、つまりヴァラィアティな仕掛けをして地区の活性化を図ろうという趣旨のようだ。

「でも皆さん、ムッカシイかたが多くて」

東大正門前につづく通りの粛然とした店がまえを思い出して、けなげな女店主に「さもあろう」とうなずいた。ヴァリエテ本六協賛の心づもりで洋書を一冊いただいた。ニューヨークのおシャレな雑誌『ニューヨーカー』のテーマ別漫画アンソロジー、小型本のつくりで一七〇〇円ナリ。

森井書店は店主が旅行中で、若い人が留守を守っていた。槇有恒、畦地梅太郎、上田哲農、辻まこと——山の空気のように澄んだ山の本の匂いをかいで、幸せな気分になって店を出た。

正門近くの喫茶店ルオーでひと休み。店のたたずまい、磨きこんで木目の出たテーブルと椅子、朴訥な店主のエプロン姿。十年、二十年前と何一つ変わらない。古きを大事に守っている点で喫茶店の稀覯本というべきだろう。二階の窓ぎわにすわり、本郷通りをボンヤリと見下ろしていた。古書店巡りの一日にはいつも、ウツケたようなひととときがまじりこむ。

おもえば昔は古本の棚の前で、おもわず呟いたものである。

「ややっ、まさか!」

「あれれ、こんなところに!」

「ヘェー、あるところにはあるものだなァ!」

「へっへっ、神は見捨てたまわずだ!」

おりおりの出会いや発見があった。本そのものよりも、その思いがけなさから買ってしまったケースもある。全集や叢書などは揃ったのをセットで求めるのではなく、たまの出会いのよろこびをかみしめながら一巻ずつふやしていった。だからこそ「ややっ」だの、「あれれ」

だの、「ヘェー」だのと、声にならない声が洩れた。一冊だけの端本ということで、ごく安く値づけされているのを見つけ、「へっへっ」と笑いをかみしめた。揃いがふえることにもまして、店主の「上前」をハネた気分になれたからだ。古書店は店主と客とのひそかなゲームの演じられるところだった。

もはやそれはお伽噺のたぐいらしい。あちこちの店で聞いたが、「ネット情報」がいき渡っている。どの本が、どこの、どの店に、いくらの値段であるかまですっかりわかっている。客はただ出向くだけ。いや、足すらも運ばない。メールなり電話で注文して宅配便で送付、代金は銀行引き落とし。

しかし、ほかの商品はそれでもいいとしても、こと古書となると、はたしてどうだろう。

「やんわりとした本である。バフン紙を薄くしたような茶色の紙に蟹を二匹、ちいさく赤土色で描いた表紙。手ざわりも軽さもいい」（河内紀『古本探偵』より）

河内紀はわが尊敬する同輩で、名前までソックリさんのようによく似ている。バフン紙は漢字で馬糞紙。どうして馬の糞と紙が結びつくのか？ ネットではわかるまいが、実物を見れば、ひとめでわかった。表紙の蟹のデザインが赤土色だとすると、馬糞と赤土がかさなって、いかなる形態と匂いをそなえた本であったか。まさにその形と匂いが河内紀には大切だった。だからこそ撫でさするように「手ざわり」と「軽さ」をたしかめた。

本であるからには中身があってのことではあれ、古本にはさらに大切なものがある。紙の質、表紙の手ざわりにもわたり、いわば本が出版されたときに背負っていたもの。それを嗅ぎつけるには、よく利く鼻が必要だし、何よりも棚から抜きとって、手にのせてみなくてはならない。ネット情報では決して伝わらず、便利な宅配便によっても、ついぞ配達されないものなのだ。

風雅な一日の打ちどめは神田神保町。いわずと知れた古本のメッカである。古書店総数、はたしてどれほどにのぼるものか。古書会館といった古書店舗のひしめき合ったビルもある。おのずと店ごとに専門化していて、映画、演劇、美術、建築、社会・人文科学、法律、仏教、キリスト教、科学史関係、建築土木、英文学、哲学・思想、……。

こまかく区分けがされていて、「キョロキョロ型」の散歩者にはたのしみが少ないわけだが、専門化に応じる奥の手があるのだ。つまり自分も即席のプロフェッショナルを気どって、目のつけどころをかぎってみる。たとえば本日は「旅関係」、ほかにはいっさい目もくれない。そんな目で見ていくと、珍しいのと出くわせる。

キールナン『秘境アラビア探検史』、ヴァン・デル・ポスト『奥地への旅』、東亜考古学会蒙古調査班編『蒙古高原横断記』、『ポポル・ヴフ――マヤ文明の古代文書』。

「あれれ、柳沢健だ」

久しぶりに「あれれ」がとび出した。柳沢健『南欧遊記』には裏表紙のウラに「天牛北店」のシールが貼ってある。いちどは大阪で知られた古書店「天牛」の「北店」の棚に入り、それがどのような運命によってだか、神保町の棚にたどりついた。旅の本自体が波瀾万丈の旅をしてきた。

ね、あの山の上の建物が、
仏蘭西コンシュール館。
ぴちぴちする三色旗《トリコロール》――
さあ、一つマルセエーズを
歌って御覧。

柳沢健は外交官のかたわら、とてもおシャレな詩を書いた。戦前に優雅な南欧旅行ができたのは、外務省勤務の特権を生かしてのこと。大使のポスト争いなどにウキ身をやつさないで、好きなことをやってのけた教養ある外交官が、昔はわが国にもいたわけだ。

こういった本は出会いの瞬間がいい。しばらくは見つけものとにらめっこをしている。まわりの空気が一変したぐあいだ。朽ちかけた紙の只中で、はるかな南欧に遊んでいる。

買う買わないとは、まるきりべつのこと。それが証拠に、この日、神保町で手に入れたのは有坂與太郎『玩具叢書 日本玩具史篇』六五〇〇円、根本順吉『江戸晴雨攷』二〇〇〇円、倉石梓『ある「旅日記」を読む』七〇〇円の計三冊、いずれも風月洞書店。キョロキョロの原理に忠実に、まるきりまちまちで、他人にはわけがわかるまいが、たしかにこの鼻で嗅ぎとり、目にとまったときにひらめくものがあった。そしていずれもわがひそかな夢の代弁者たちなのだ。

値札と夕陽――霜降銀座

「霜降橋《しもふりばし》」とはいい名前である。山手線駒込駅の北、歩いて十分ばかりのところ。すぐ下手に妙義神社があって、前の坂道が妙義坂。昔は坂にそって小川が流れていて、名もない木橋がかかっていたのではあるまいか。冬の朝など木橋が霜で白っぽく見えるので、いつのころからか人よんで霜降橋――。

ひとり合点にそんなことを考えながら橋のたもとに佇んでいた。ただし、小川もなければ橋もなく、ただ標識に「霜降橋」とあるばかり。その下をひきもきらずトラックや車が疾駆していく。永井荷風の東京散策記『日和下駄』では、ステッキ兼用のコーモリ傘が荷風先生のお伴をしたが、二十一世紀の足の向くままには空想のお伴が必要だ。ほんのひととき、目に見えない橋のたもとに佇んで、風雅な景色を楽しんでいる。

すぐ前が「霜降銀座」、こころなしか入口のアーチが川端柳に見えなくもない。柳のすぐ横手が漢方薬の店で、ガラス戸に紙が貼ってある。

「オットピン

今日から男に!!」

風雅とはいい難い景色に送られて、やおら霜降の里に入っていった。

小型車がやっとの狭い道で、左右にぎっしりと店がひしめいている。おでん屋の向かいがホノルル・カフェ、ヒーリングサロンの隣りが魚の魚壮、バッグのときわやの前が雑貨、クスリ、化粧品のあんぱちや。杖をついた人、キャリヤカーが杖がわりの人、車椅子の人。午後まだ早いころで、こみ合う前のお買物に出てきた人たちだろう。車が入らないので安心して道を歩ける。

「おや、まあ、お久しぶり……」

顔見知りが立ちどまっても平気である。おばさん三人が道のまん中を占領しておしゃべりしていてもかまわない。

どの店にも商品ごとに手書きの値札がついている。値段に加えて、ひとことセールスポイント。「桃太郎トマト／甘い」「高級ピーマン／やわらかい」「こどもビール／みんなでカンパイ」といったぐあいだ。漢方薬の「オットピン／今日から男に!!」の流儀である。

商品にかぎらず商店そのものにも、ワンポイントのキャッチフレーズがうたってある。

「歩行改善士がいる靴の店」

「快適な視生活はメガネの一番堂」

「江戸っ子わた　永塚寝具店」

キャッチフレーズの中でも、とりわけ強調したい言葉が色分けしてある。一番堂のケースでいうと、視（赤）生活（黒）、メガネ（赤）

一番堂（黒）といったぐあいだ。看板一つにも涙ぐましい営業努力が見てとれる。

わけてもの壮観は値札である。ほぼすべて黄色の紙に黒のマジック。品ごとなので商品と同じ数の値札がついて、店によっては店先いっぱい黄金の花ずくめ。

商品によっては、ひと目で識別のつきにくいものがある。そんな場合は品目、特性などが加わっていく。

「モッズSP／CD　ペア＋W付各種　599円」

「強力カビハイタースプレー　本体278円」

「アリエル　イオンパワージェル替　298円」

旧世代には品目、特性すべてチンプンカンプンだが、わかる人には即座にわかるのだろう。

「玄米　コシヒカリ　2キロ　950円」

これなら旧世代にもよくわかる。同じコシヒカリでも茨城特産と新潟特産とでは一五〇円の違いがあることもわかる。

どの店にも共通して「特」の一字を赤マルで囲った大きな値札が店先に出ばっている。それぞれの店の特売商品であって、店主が力を入れ、選択の目もいきとどいている。雑貨店の毛糸のケースだが、「アクリル100%　並太毛糸　一袋（五玉入り）税込600円　一玉40グラム」。これと並べて、もう一品の特売商品があり、そちらは七五〇円である。商品説明は同じだが、冒頭の「アクリル」のあたまに「カラフル」のつくのが違う。「カラフル」で一五〇円の相違が生じることを了解した。

「お、ガンバってるナ」

お客にいわれて果物屋の店主が答えていた。

「バァさんの命日だからネ」

値札はクリップでとめる形になっている。自在に取り替えができるわけだ。

バーコードというおバケが登場するまで、商品の値段は店主が決めた。仕入れ値をもとにして利益を上のせするわけだが、その際、いくつもの値段があった。一点売りの値段、まとめ買いをする人の値段、開店早々の値段、午後の値段、夕方の値段、店じまいの前の値段、月曜日の値段、金曜日の値段、それが土曜になるとまた変わる。

店によっては天気しだいで値段も変化する。とりわけナマモノ商品の場合だが、三日つづきの雨の日の値段、ドンヨリとした曇り日、陽ざしの厳しいときの値段。

人によってもまたそうだ。値札はつけていても、客に応じてしかるべき手つづきをほどこした。はじめての客、二度目の客、長年にわたるおなじみ客、それぞれ微妙な割り引きの余地がある。

バーコードの値段は「定価」であって、それをレジ係が機械で読みとらせる。誰もが同じ値で買える。店主の腹ひとつで変わったりしない。誰にとっても平等のお値段——。

いや、はたしてそうだろうか。それは平等という名の不平等ではあるまいか。よい品をいかに安く買うか。経験をつんで工夫をかさね、知恵をつけて腕を磨く。そこに買う側のたのしみがあり、売る側も努力する。そのはずだ。ところが「定価」システムでは、どんな愚か者でもワケなく買える。何十年もの研鑽をつんだ人が、気まぐれな一日かぎりの買物客とおなじ土俵にのぼらなくてはならず、これまでの経験と知恵を、そっくりバーコードの読み取り機にゆずり渡さなくてはならない。

「定価」なるものがいかにアテにならないかは、定価システムの元祖デパートですら、おりにつけ安売り月間とかクリアランス・セールと称し、同じ商品をまるきり別の値段で売っていることからもあきらかだ。折り込み広告の商品が、多く九八〇円だの一九九八円だのとうたっているのは、値段以上に数字の眩惑をあてこんでいる。親指ほどの小壜一本がウン万円の香水が、いかなる原価計算によってはじき出された値段であるか、神のみぞ知るところだろう。

その点、霜降銀座は商法の王道を歩んでいる。

「コイケヤのドンタコス　定価126円の品　税別85円　税込89円」

税金分まできっちり表示している。

「お客様へ　価格改定のお知らせ」

ソバ屋の店先に張り出してあった。消費税導入後も経営努力によって消費税分を価格に転嫁せずにやってきたが、このたびの消費税改正および一部仕入れ品の価格値上げ、また従業員の待遇改善にせまられ、やむなく価格の一部を改正しなくてはならない。メニューの提案その他で努力するので、どうかお許しを願いたい。

文面全体に店主の謝意と気迫がこもっている。店にはまた「災害時麺類等協力店」の札が下がっていた。一朝コトあれば率先して炊き出しをするという公約つき。

「商店街グランプリ　準グランプリ受賞」

霜降銀座の努力が認められてのことだろう。これと並んで「名探偵浅見光彦の住む街」の標識が頭上を飾っている。証拠物件として「しもふり情報基地」と銘打った大きな掲示板に「浅見光彦の住民票」が掲げてあった。生みの親は推理作家の内田康夫氏。小説に出てくるデータが住民票風にまとめてあって、世帯主、続柄、生年月日、血液型まで一目瞭然。好きなものは「モーツァルト、トマト以外の食べ物」。

苦手なものは「母雪江、お化け、飛行機」。たしかに名探偵浅見光彦は、遠方といえども列車ではるばると駆けつける。

これだけの営業努力にもかかわらず、商店街のところどころに「テナント募集」「貸店舗」の張り紙つきがまじっている。ポツリポツリと廃業の店が出てきたからだ。だからよけいに洋品屋の「アルマーニ入荷しました」の告知がうれしい。Giorgio Armani とシャレたつづりで添え書きしてあって、イタリアのオートクチュール、アルマーニ氏当人がサインのペンを持ったぐあいだ。

霜降銀座が染井銀座にかわるところから道が広くなって、車の往き来がある。やおら店からエプロン姿の主人がとび出してきて、走ってきた車をとめた。顔見知りらしい運転の人に話しかけ、すぐさま了解がとれた。買物袋のおばあさんがヨチヨチとやってきて車に乗りこむ。

「三丁目のポストの前ネ」

再確認があって、ゆっくりと車が走り出した。顔見知りの縁で、おばあさんはお車つきでお買物。

一巡してもどってきた。漢方薬の並びに銭湯がある。その名もなつかしい亀の湯。午後二時一五分に開いて、〇時四〇分までの営業、わが散歩用のリュックには、いつもタオルと石けんセットがおさまっている。寄り道のお風呂は頭からつま先までキレイになって、しかもコーヒー一杯分のお値段である。ひそかに「全身コーヒー」と名づけている。

ガンコそうなおばさんが番台にいた。湯船もタイルもガラスのように磨いてあった。高い天井の天窓から、赤い夕陽がさしこんでいた。

地主と建築家——代官山

東京・渋谷に近い代官山においしいサンドイッチの店があって、近くにくると寄っていく。ふつうサンドイッチというと、耳を落とした食パンにハムや野菜がチマチマとはさんであって、小さく三角や四角に切ってある。それを指でつまんで口にはこぶ。

この店は、そうではない。トースターで焼いたアツアツの食パンが二枚、あいだにドーンと中身がはさんである。こちらはタマゴサンドが好みだが、厚焼きをまん中にして全体が六、七センチにもなる。フォークでおさえ、ナイフでザクリと切ったのを大口あけて頬ばる。耳のところの感触、中身のやわらかさ、焼きたての熱と匂い。モグモグやってから喉に送ると、胃袋がいまや遅しと待ちかまえている。気が遠くなるほど旨いのだ。ひと息ついてから、やおら大きなカップで珈琲をいただく。サンドイッチのヴォリュームとカップの大きさが、ちょうどいいぐあいに調和していて、満ち足りたお腹とともに心も満足感につつまれる。

サンドイッチそのものの旨さとともに、店の立地条件も味覚にあずかっているらしい。「ヒルサイドテラス」といって、旧山手通り沿いにA棟、B棟と並んでいる。そのC棟の一階にあって、南が急勾配の崖に面し、古木がていていとそびえている。小さな店だが南面はそっくりガラスなので、そちらは一面の緑である。サンドイッチを頰ばったまま目を上げると、前は濃い緑一色。季節によってイエログリーンがかかっていたり、ウルトラマリーンに変わったり。

サンドイッチという食べ物は麵類や御飯ものとちがって、満腹しても腹部にもたれない。空腹のときのほどよい軽みがのこっている。あとのブラブラ歩きに最適の食べ物といえるのだ。

代官山といったが、行政的には渋谷区猿楽町である。JR渋谷駅と恵比寿駅のあいだの西かた一帯を通称して代官山、ローマ字でDaikanyamaと書いたりする。銀座の店が看板や包み紙に、必ず銀座、あるいはGinzaと入れるのと同じで、選ばれた地名といったおもむきがある。

関東大震災のあとに高級住宅地として発展したというが、きっとそんな雰囲気の郊外地だったのだろう。都心と結ぶ足である東横線代官山駅の小ささからも、ひっそりとした住宅街がしのばれる。

ところが近年、大きく変化した。銀座でも原宿でもなく、むろん新宿でも渋谷でもない。代官山めざしてアーチストやデザイナー、建築家の卵、ブティック、ファッション関係者がやってくる。おおかたは若い人たちである。小さな駅の周辺にいかにも若者向きのカフェ、レストラン、アクセサリーの店、ギャレリーなどがつぎつぎとできていった。

いま一つの流れがあって、こちらは不動産関係である。高級住宅地は高級マンションに打ってつけの土地なのだ。住人には代がわりにあたり相続税という難敵が待っている。古風な玄関に「忌中」の文字が見え、ひとしきり人の出入りがあって、翌年には年代物のお屋敷の取り壊しが始まったといったケースが少なくない。

パークサイド・ヴィレッジ、パシフィック・レジデンス、ヒルハイツ、キングスホームズ、マイン・シュロス、ハイム・サンジュ、ロイヤルガーデン、シャトレ、キャッスル、アーバンリゾート……。それぞれのおしりか頭にきっと代官山、あるいはDaikanyamaがつく。これがないと付加価値の点でまるきりちがうのだ。「マイン・シュロス」とはドイツ語で「私の城」といった意味だが、サンドイッチ腹のブラつきの途上で、わがなじみのドイツ語と出くわすとは思わなかった。

そんな一角の空地に「建築計画のお知らせ」が立てられていた。「ガーデンコート代官山（仮称）」の工事が始まる。かたわらに大きな石の門柱だけがあって、剝ぎとられた標札のあとが落ちくぼんだ目玉のように残っていた。

「代官山ヒルサイドテラス」は名前こそ同類とまぎらわしいが、レジデンスやシャトレ組とは月とスッポンほどにちがっている。よそとちがうサンドイッチ屋が店子《たなこ》にいるのもうなずけるのだ。

旧山手通りをはさみ、南にA・B・C・D・Eの五棟、北にF・G

棟。少し西かたにヒルサイド・ウエストA・B棟。すべて朝倉不動産が建てた。

ただしこの不動産会社の経営者は、代々当地に住んできた地主であって、先祖をさかのぼると室町時代にいきつくというから、とびきりの旧家である。明治のころは米屋。少しずつまわりの土地を買っていって、いつしか当地きっての地主になった。そこに借家を建てて人に貸す。戦争が終わったとき、借家はすべて灰になり、代がわりがかさなって、先祖代々の屋敷を手ばなすはめになった。よくある旧家没落のケースである。

一つだけちがうのは、ふつうは母屋を守るために土地を手ばなすものだが、朝倉家は逆をいった。広大な庭のある屋敷は捨てて、事業用の土地を守った。

若い当主が建築家槇文彦と出くわしたのは昭和四十二年（一九六七）のこと。当時三十代だった建築家によほど強い印象を受けたのだろう。「代官山集合住居計画」をスタートさせて、そのための朝倉商会を設立した。建物はすべて建築家にまかせ、自分たちは資金面を担当する。

二年後にA・B棟ができた。その四年後にはC棟。昭和五十二年にD・E棟、平成四年（一九九二）にF・G棟が完成。ヒルサイドテラス七棟に二十五年かけたことになる。ヒルサイド・ウエスト二棟を合わせると三十数年がかり。いかにこれが、わが国の集合住宅の歴史のなかで稀有な例であることかがわかるだろう。

マンションとよばれるものは大抵の場合、突如として現われる。みるみる鉄骨がせり上がり、ミキサー車が列をつくってコンクリートを流しこみ、でき上がると「完売御礼」の垂れ幕でおしまい。敷地いっぱいに建てられていて、「高級」とうたうわりには、みるからに息苦しい。

ヒルサイドテラスはおそろしくゆっくりとできていった。建物はやわらかい白づくり、高台と繁みと斜面とを巧みに利用して、棟ごとにかたちを変えながら、全体として統一ある造形美をつくり出している。その種の建物に特有の静けさにつつまれていて、この中に住居もあればオフィスもあり、地階や地下に三十をこえる店舗が入っているとは、とても思えない。

どんなにみごとな建物でも高さと大きさが一定のスケールをこえる

と、人を威嚇してくるものだが、ここではAからGまでに分けられ、どれも人間に見合ったスケールにかぎってある。無機的な四角の巨大な塔ではなく、有機的な出っぱりやへこみ、丸みや空洞をもち、いかにも時間とともに育っていったぐあいである。

右　大山道
　　　　　　南無阿弥陀仏
左　祐天寺道

文政年間の道しるべが、わきにきちんと保存されている。棟のあいだに「猿楽塚」とよばれる古墳があって、上に神社が祀られていた。

遠い昔の記憶を伝えるものと、モダニズム建築の華とが、なぜかぴったり合っている。

南側E棟のおとなりがデンマーク大使館。ところが建物の感じでいうと連続した棟に見える。それもそのはず、同じ建築家が担当した。地主朝倉家は土地を手ばなすにあたり、「槇文彦設計」を条件につけた。隣り合う集合住宅のイメージを損なうなと注文をつけたわけだ。それを承知したデンマーク王国外務省も、なかなか大したものである。

不動産業者は一つが成功すると、つぎつぎに手をひろげ、拡大再生産に邁進するものだが、朝倉不動産はヒルサイドテラスだけ。業種では不動産業にあたるが、要するに自分の土地を大切に生かして維持している。持ち主の愛情が欠けると建物は急速に荒廃するものだが、こちらはA棟からG棟まで、まるで昨日できたように初々しい。濃い緑を背にして白い立体が凜として建っている。

旧山手通りから折れこんで、高級マンションの並ぶ界隈に「愛犬のためのサロン」があって、犬をつれた人が出入りしていた。ガラスごしに店内がよく見える。チワワやマルチーズやポメラニアンが美容院にあるような椅子にすわり、シャンプーを受けている。爪切りや耳掃除もあって、耳のときは人間と同じように顔を横に傾ける。ついでにいうとS（シャンプー）コースとSC（シャンプーカット）コースがあって、ためしに料金表でたしかめたところ、チワワのSCコースはわが月々の散髪代（洗髪こみ）の二倍である。犬種によってもちがいがあり、スピッツだとわが頭の約四倍、大物セントバーナードともなると、約八倍の高値である。

小学校のかたわらの猿楽古代住居跡公園でひと休み。古墳や遺跡からして、はやくから代官山一帯がひらけていたことがうかがわれる。ほどのいい高台にあり、近くがヱビスビール発祥の地の恵比寿であることからもわかるとおり、ゆたかな水脈があったのではなかろうか。

古代人の住居がパネル写真で示してあった。大きな萱ぶき屋根がゆったりと地面にのったかたち。簡素で、機能性で一貫していて、かつまたたしかな造形スタイルを主張している。それが点々と並んでいるところを想像した。さながらヒルサイドテラス古代篇である。縄文人もちょっぴり誇らかにDaikanyamaとおしりにつけていたかもしれない。

ブランドくらべ——銀座その一

いわゆる「ブランド物」の服を三着もっている。アルマーニが一着、ジル・サンダーが二着。たしかにしかるべき店で買ったが、自分から出かけたわけではない。女友達で画家である人につれていかれた。つねづねその人は「おまえのヤボないで立ちは見ていられない」とこぼしていたのである。

つれていかれたので曖昧な記憶しかないのだが、印象に残ったことが三つある。

一　店は広いのに品数が少ない。

二　店員が買うべきものを決めてしまう。

三　おそろしく値が高い。

ふつう商品は数多く揃えてあるものだが、ブランドの店は隅に申しわけ程度にあるだけ。まん中に大きなソファーがあって、まずそこにすわらされた。

当人にかわって女友達が希望を伝えると、背の高い女店員が無言のままうなずき、こちらをおしはかるようにながめたあと、数少ない商品の中から一点を選んでもってきた。

「着てみろ」というので着てみるとピッタリだったので、それにきめた。そもそもあれこれ試着してみるという雰囲気がまるきりない。また試着しようにもサンプルが乏しく、せいぜい色がちがうだけである。値札がついていないので口頭でたずねて判明したが、ふだんの服なら一〇着買える値段である。女友達の手前もあり、また店内の空気からして、ひそかに覚悟をきめていたので、にこやかに了承して買物を終えた。

三着の服は夏・合い・冬用だったので、とっかえていけば一年がまかなえる。順ぐりに着ているうちに一〇年ちかくがたって、いずれも少々くたびれてきた。その間にこの手の店がドッとふえて、ブランド商品の空模様が大きく変化した。

地下鉄銀座駅から地上に出てくると、目の前に華やかなビルが林立している。ブランド店は通常はカタカナ名で示されるが、建物はカタカナではなく横文字で通してある。やむなく綴りを読みとくことになる。ヘルメス、いや、フランス語はHを発音しないからエルメスである。そうか、これがかの有名なエルメスだナ。思考回路をへて、やっと了解。

おとなりのCOACHには下にEst 1941と添えられている。第二次世界大戦のさなかであって、とすると今はファッション産業だが、初代は戦争産業として始めたのではあるまいか。たかが洋モノの店だというのに、なぜか思考を強いられる。そのあたりが世界的ブランド店の神通力というものかもしれない。

つぎのおとなりはカタカナなのでたどっていくと、マ・ツ・モ・ト・キ・ヨ・シ。われ知らず全身がブランド・モードになっていて、クスリの安売り店と気づくまでに少し時間がかかった。

おつぎはアルマーニ、つづいてディオール、となり合ってロンシャン。道路をへだててグッチとプッチ。グッチは知っていたが、プッチは初耳である。

あとでわかったが、ブランド店のグループないし集落にあたるものが銀座一円にあって、晴海通りをA地区とすると、銀座二丁目からマロニエ通りにかけてがB地区。ここではブルガリ、ルイ・ヴィトン、カルティエ、シャネルが四つ角の四辺の角を占め、まわりをティファニー、マックス・マーラ、ポッテガ・ヴェネタ、レオナールなどが取り巻いている。

四丁目の交叉点から新橋寄りにかけてをC地区とすると、こちらは横につらなってフェラガモ、リヤドロ、プラダ、モンブラン、バーバリー、フルラ、ブルックス・ブラザーズ、ヴァン・クリーフ&アーペル……。中央通りで二つに分けてC地区とD地区とする見方もあるだろう。

銀座通の人でも「アッと驚く」変わりようだ。アッと驚くのは、むろんアッと驚かすためにつくられているからで、ガラス、鉄骨、レンガを縦横にあしらい、色と線に工夫をして意匠がこらしてある。たまにつつましやかなのがあるが、最上の効果を意図した上のつつましやかさであることはあきらかだ。

地区ではなく営業形態でいうと、三種に分かれるようである。

一　自社ビルによるもの。

二　賃貸ビル入居型。

三　デパート出店方式。

どれか一つというのではなく、店によっては一と二、一と三に該当する。欲ばってというか意欲的というか、A・B・Cの三地区にわたり一、二、三を併用している店もある。

営業の形態がちがうと、そのちがいはおのずと細部にまで及んでくる。たとえばブランドの店というと、なぜかきまって入口に門番が立っているものだ。ドアマンというのか、監視人というのか、たいてい黒服、黒ズボン、黒い靴という黒ずくめで、大層な帽子をかぶっていたりする。

自社ビルタイプは、入口の左右に配置している。単なる出入り口に二人がかりで、それだけ力を入れていることがわかる。賃貸ビル型は一人が多く、あるいは誰もいない。デパートの出店にはいないだろうと思っていたが、よく見るとちゃんといるのだ。ドアの外はデパートの通路なので、ドアの内側に二人が控えていたりする。デパートでお買物というご婦人は、門番つきがお気に召すのではあるまいか。

つぎつぎと店開きするのは、売れることを見こしてのこと。あきらかに女性をターゲットにしている。経済力のある若い女性、あるいは余裕のある中年女性。しかし、あんがいべつの目論見があるのかもしれない。というのはC地区・自社ビル・門番二人のケースだが、一階から五階まで、たえず中国語がとびかっていた。若者や娘のグループ、赤子をつれた若い夫婦。とすると店の目はC地区から遠くアジアを見つめている。クレジットカードは国籍を問わないからだ。

エルメスを皮切りにして順にながめていったが、こよなくたのしい散歩ができる。エルメスの初代はたしか馬具職人であって、鞍づくりがはじまりだった。手職の技術を今につたえるという心意気なのか、総ガラスの建物の外壁が小さく壁龕《へきがん》のようにあいていて、精巧なミニチュアが収めてある。さぞかし名のある工芸家に腕をふるわせているのだろう。ブラブラ歩きをしながらミニ工芸の力作を月がわりで鑑賞できる。

もとよりショーウィンドウに手がかけてある。正統派、前衛スタイル、季節感を盛りこんだもの、ウィットをきかせた意匠。名のあるデザイナーがメンバーを組んでやってきた。苦心の成果をそっくりタダ見できる。

ショーウィンドウを含めて店自体としては完璧なまでによくできている。しかし、ブランド店は後発組であって、土一升金一升の土地に、やっとのことで区画を確保した。まわりまでは青写真に入っていない。

その結果、ルイ・ヴィトンと讃岐うどんが地上と地下の関係でくっついたり、コーチの赤レンガにカゴメソースの大看板がのっかったり、ティファニーのまん前が宝くじ売場だったりする。しかし、讃岐うどんはうどん業界のブランド品であって、歴史をたどると、ルイ・ヴィトンなどよりもはるかに由緒深いのだ。いそいそとコーチをめざす人はカゴメソースが目にとまらないだろう。そしてティファニー的商法は宝くじに似たものといえなくもないのである。

「明治屋銀座ストア閉店のご挨拶」

工事中の板囲いに永年の愛顧を感謝する言葉が掲げてあった。その名のとおり、明治にはじまり、よそでは手に入らない舶来モノを揃えていた。

「Opening 1st December 2007」

となり合ってダンヒル開店のご挨拶。明治屋が去ってアルフレッド・ダンヒルが入る。ブランド界でも明治は遠くなりにけり。

「なんとかヴェネタってそこよネ?」

若い女性の二人づれ。足どりを見てとって黒ずくめの二人組がにこやかにドアをあけた。

うしろ姿を見送りながら、ショーウィンドウと見くらべた。日本の女性には似合わないのではあるまいか。近年めだって脚がのびたとはいえ、やはり胴長、短足にかわりはない。さらに概して胸がおとなしく、お尻が下がりぎみ。

パリやミラノのデザイナーには、およそなじみのない体型である。日本人向きに手直しはしていても、色やデザインの原型はパリやミラノの街並みと結びついている。およそ無秩序に雑色の入り乱れたわが国では、さっぱり効果がなく、しばしば珍妙ですらあるはずだ。

ブランド信仰がまかり通るのは、一つにはわが国の服飾デザイナーの怠慢だろう。パリやミラノにばかり目がいって、日本の風土に合った色合い、日本人の体型に合う服を考えてこなかった。

いま一つには着る側の怠惰である。手持ちのものの組み合わせや工夫を知らない。そのためのセンスを磨いてこなかった。十代のころ、もっとも多感でおシャレに敏感な年代を、お仕着せの制服で過ごした。それを強制したのは大人たちである。管理しやすいという理由だろう。目もセンスも怠けていられるシステムにしてしまった。

ブランド物で着飾っている女性を見るたびに、私は知り合いのドイツ人の娘を思い出す。星のような目をしていて、会うと議論をふっかけてくる。母親のお古を上手にモデルチェンジした服に、おばあさんの娘時代のペンダントを加工して白い胸元につけている。いかにも若くて美しい。

この日、ブランド地区一巡のもどり、マツモトキヨシでカゼ薬を買って帰った。

東京コンピラ詣――水道橋・虎ノ門・新川

むかしは「出開帳」といった。御本尊さまがよその土地へお出ましになる。地方から江戸のケースが多かったようで。カミさま、ホトケさまが出張してこられる。江戸っ子は居ながらにして諸国の御利益にあずかった。かわりに出張組にも、けっこうな実入りがあった。

出開帳は期間が限定されている。同じことなら年中かわらずご利益を分かち、分かたれるわけにはいかないか。知恵者がいて地方の本社に対する江戸支店をこしらえた。

日本人は何ごとにも器用であって、信仰の道に「代参」制をひねり出し、代わりに参詣、また参拝してきてもらう。それと同じで代わりの寺なり社《やしろ》である。地図をながめていて気がついた。コンピラさまには、いくつもの江戸支店がある。コンピラ船々、追手《おいで》に帆かけてシュラシュシュシュ――。四国の讃岐まで行かずとも、花のお江戸にもこんぴらさんがいる。しかもあちこちにいらっしゃる。

まずは金刀比羅宮東京分社、水道橋駅から歩いて五分あまり。学校の裏手にひっそりとお宮がある。「分社」というのがわかりずらいが、全国に八百以上あるといわれる金刀比羅宮の末社のうち、本宮の神職が直接出向いてお祭りをおこなうのを分社というらしい。それだけ格が高いわけだ。

鳥居をくぐると、左右からこんもりと木が繁り合って、その下に立派な石燈籠が立っている。

「千葉縣銚子港　仲吉丸　網中清次」

港町の網元の寄進である。こんぴらさんは海の守護神として知られてきた。しかし、海だけにかぎらない。学業成就、えんむすび、安産、えと開運……。「幸福の黄色いお守り」もある。写真が掲げてあったが、たしかに黄色で、真ん中にマルに「金」の意匠化した一字。

すぐ前の白山通りをはさみ西は東京ドームシティで、タワーがそびえ、さまざまなアトラクションがひしめき合っている。一歩東に入ると、もの静かな境内で、海の守り兼えんむすび、その他もろもろの神様の領分になる。まこと東京というところはマカ不思議な街である。

由緒書によると、二柱の「こんぴらさま」が合わさって分社ができた。一つは文政二年（一八一九）、板橋宿の市左衛門という人が祀ったお宮。もう一つは高松藩松平家が江戸の上屋敷に邸内社として祀っていたもの。どちらも関東大震災、また昭和二十年の東京大空襲で焼失。再建にあたり二つを一つにして、旧上屋敷跡に宮をつくった。

電車と地下鉄を乗り継いで二十五分ばかりの虎ノ門。ここにも金刀比羅宮がある。生馬の目を抜くようなビジネス街の真っ只中。それも最新のガラスと鉄骨づくりの高層オフィスビルの真下が境内にあたり、社務所、鳥居、本殿、神楽殿が粛然と控えている。

「讃岐丸亀藩主の京極高和が領地讃岐の金刀比羅大神を、万治三年（一六六〇）に三田の江戸藩邸に邸内社として勧請、その後、延宝七年（一六七九）に現在の虎ノ門に移る」

こちらもはじまりは「邸内社」であって、高松藩松平家と同じく丸亀藩京極家が屋敷の守護神として藩邸の一隅に祀った。それがどうして「こんぴらさん」の愛称でなじみの庶民信仰へとひろがったのだろう？

おもえば奇妙な神さまなのだ。古くは金刀比羅大神、あるいは金毘羅大権現といった。古来の通説によると、古代インドの神話にあらわれるバラモンの神クンビラに由来する。それが神仏習合の段階で大権現となり、さらに山岳信仰と結びついた。古い版画には、金毘羅道者が天狗の面を背負った姿で描かれている。

『和漢三才図会』の説明によると、「当山の天狗を金毘羅坊と名づく。之《これ》を祈り霊験多く、祟《たた》る所も亦甚だ厳し」。そんなところから金毘羅＝天狗のイメージができたのだろう。

それまでは、ごくかぎられた守護神だった。ところが江戸の中ごろから、にわかに脚光をあびた。研究者の報告によると、西廻航路の発展がうながしたそうだ。日本海沿岸の港を西下し、下関をまわって瀬戸内、そして商都大坂に入る。象の背中のように巨大な象頭山は航路上の目印であって、海の守り神の地位がかたまった。

領地の霊験あらたかな神様であれば、讃岐の領主層が崇拝する。屋敷神にしただけではない。

「……大名家の屋敷神が一般庶民に解放される機会があった。これは江戸に独特の現象らしい。月の十日が縁日で、この日藩邸の裏門が開けられ、『朝は未明より日没に至る迄群集す』（『遊暦雑記』）という状況で……」（宮田登「金毘羅と富士信仰」）

縁日でない日でも裏門の入口に賽銭箱がしつらえてあって、そこから願掛けができる。そんなことから江戸という地域社会の流行神としてひろがった。

そういえば懐かしい虎造ブシで覚えている。文久二年、三月の半ば

「えゝ、親分、何か用ですか？」

「石《いし》や、ご苦労だが、ちょいと使いに行って来てくれ」

「どこまで行きましょうか？」

「讃岐の金毘羅さまよ」

ごぞんじ「石松代参」の出だしである。次郎長親分が願掛けをし、それが成就したのでお礼参りをしなくてはならない。当人は忙しくて行けないから石松が代わりに奉納の刀と金子百両をもって出立する。信仰の世界で代参人を立てるというのは珍しいケースだろうが、わが国では伊勢参り、金毘羅参りと、代参制が旅のブームをつくってきた。

三井ビル、みずほビル、三菱ビル。虎ノ門のこんぴらさまを囲み、わが国銀行界の代表が顔をそろえている。境内にそそり立つオフィスビルは「琴平タワー」といって、神社所有の貸しビルのようだ。株式会社サニックス、スターシッピング エイ エス、セレス・IPコンサルティング、ベンチャーエントリー、マイクロス－フェデリオ・ジャパン。カタカナ名にまじって、東京債権回収株式会社、知的財産戦略研究所、中国東方航空公司東京支店。神の社《やしろ》の真上にいるわけで、商売繁盛うたがいなしというものだ。そのせいか、「あいうえお」表示でずらりとテナントが掲げてあって、空室皆無のようである。

銅づくりの鳥居に「金刀比羅大神」の扁額、左右の柱にヘンな獣がとりついている。玄武、青竜、朱雀、白虎。霊獣たちだ。施主・世話人として名が刻まれているのは、芝地域の商人や職人が多いというから、きっぷのいいのが派手な鳥居を立てたとみえる。

なにしろオフィス街の真ん中にポッカリひらいた空間なので、オフィスを抜け出してきたサラリーマンがたむろしている。ケータイで話している人、ノートパソコンをひらいている人、タバコをすっている人、ボンヤリとベンチにすわっている人。お百度石があって、その手ずれした丸みといい黒ずんだ風格といい、人の願いの化身のようで、効き目がありそうに思うのだが、もはや石に願いを託す人もいないのか、それとも衆人環視のなかでは願掛けがしにくいのか、ポツンと人の環の中に立っていた。

さらに南下して中央区新川。小さな境内に小さなお宮。新しい賽銭箱の「金」の字だけがあざやかだ。

もともと福井藩松平家の中屋敷があったところで、かたわらの堀を「越前堀」といった。旧町名が越前堀二丁目。いまも町会「越二会」に名をとどめている。

越二金刀比羅寄席
会場　越二金刀比羅神社境内
　　　越二会館
出演　林家時蔵
木戸銭　五百円

カッコして「六十五歳無料」とある。町会会員といった条件いっさいなしのところが、下町の町会の心意気というものだ。

すぐ南が隅田川の河口部で、佃島が目の前だ。現在は隅田リバーサイドや住友ツインビルに遮られているが、かつては鳥居の前が河口だったのではなかろうか。現在の町名の新川は、河村瑞賢が開削した「新川」にちなんでいる。河岸には材木問屋や酒問屋が軒をつらね、物資の集散地として栄えていた。

初めて知ったが当地は「船員教育発祥の地」でもあって、岩崎彌太郎が設立した「三菱商船学校」は、はじめ隅田川に繫留した船を学校にしていた。生徒全員、船内に住み、船上で授業を受ける。波のもよう、河口の流れぐあい、船酔いもすべて実際に習得した。

河口が港に合わさるところであって、松平家は中屋敷に金毘羅大神を祀り、十日の日を開放日とした。現在は一・五・十の月にかぎってだが例祭が催される。屋敷神の門を開いた伝統が姿をかえながら残っている。その河口に立つと、目の前は佃島・大川端リバーシティ21。白いコンクリートの脚をひろげた中央大橋の向こうにスカイライトタワー、センチュリーパークタワー、イーストタワー……高層ビルのマンションがニョキニョキとそそり立ち、視界は水とコンクリートのビルばかり、人のけはいはまるでない。

なにげなく足元に目をやると、ユラユラした川面にわが姿が映っている。水の動きで顔がのびたりちぢんだり。花のお江戸のにわか道者が瀬戸のお船に揺られていた。

ムニャムニャ探訪記——落合・堀ノ内・新小岩

おりおり気になっていた。最後の旅は、いったいどこへ行くのだろう？

この世の最後の旅であって、つまり火葬場、斎場である。そのときはもう死んでいて自分がどこに行くのか、どうでもいいようなものだが、少なくとも五体はまだ残っている。車でいうと車体《ボディ》はしっかりしているのにエンジンがダメになった状態である。幸か不幸か人体の場合、エンジンをとりかえて再生するというのがきわめて困難であって、燃やして灰にするしかない。そのために最後の旅をする。

トシのせいか同輩がつぎつぎと旅立っていく。このごろはファックスで知らされ、そこには見送りの日時と場所がついている。いちどは品川区だった。そのつぎは渋谷区だった。どちらも現場に着くまでにひまがかかった。近くまで来ているのに、なかなか行き着けない。家がびっしり建てこんでいて、道がへんなふうに入りくんでいる。

やっとたどり着いたが、ずいぶんこみ合っていて、品川区のときだったが、まちがってとなりの受付に記帳して香典をわたしてしまった。以来、トラウマのように意識にしみついている。自分では実感できないにしても、なるたけ心やすらかに最後の行程をすませたいものではないか。

ためしに東京都区内の略図を描いて、そこにしるしをつけていった。品川区西五反田・桐ヶ谷斎場、渋谷区西原・代々幡《よよはた》斎場、杉並区梅里・堀ノ内斎場、新宿区上落合・落合斎場、板橋区舟渡・舟渡斎場、荒川区町屋・町屋斎場、葛飾区白鳥・四ッ木斎場、江戸川区春江町・瑞江《みずえ》斎場。山手線の外側に円を描くかたちで点在しており、それぞれ近くに寺が多いことも共通している。

手製の略図をながめていて、ことの性格がのみこめてきた。すべて山手線の外側なのは、もともとへんぴなところにつくられた。火葬のあと墓に葬る手順をふむわけだから、寺が近いほうがいい。各宗派が必要なので、そのため寺々が軒をつらねる結果になった。やがて大東京の膨張につれて人家が押し寄せてきた。区画整理されないままに家並みができて、そのため道が入りくんでいる。

略図にわが家を書き入れると、落合斎場がいちばん近い。いろんな条件により実際は近いところとかぎらないらしいが、まずは手近から実地検証をしておくことにして、やや春めいた一日、家人に告げずに家を出た。

地下鉄東西線落合駅。地下から地上に出ると方角がわからない。おおよその見当で歩き出して、そのうち逆方向であることに気がついた。引き返す道すがら、電柱ごとに料理屋の広告がある。いずれも「仕出し料理」を兼ねていて、きまって「冠婚葬祭」の四文字つき。いちおうは四文字だが、実際は下の二字に応じてのことだろう。一件落着のあと精進落としの必要があるからだ。

「貸式場　会席　仕出し」に並んで「準社員募集」の大きな看板。「斎場内のご案内、接待サービス業務」とのこと。どうして社員に「準」がつくのか、足をとめて考えた。つまるところ定期的勤務とはかぎらないせいではあるまいか。同じ祭りごとでも葬祭ばかりは、お客さまの予測がつかず、予約が入ることもない。

「東京博善株式会社　落合斎場」

道路をはさんで本館と別館、裏手に大きな駐車場。超モダンなビルで、淡いベージュ色の優雅な外壁。自動ドアを入ると、上りと下りのエスカレーターが間断なく動いている。

火葬棟と向き合った壁に巨大な富士山の絵が掲げてある。雪をかぶって白々としたお山が雄大にそびえている。どうして富士山なのか？しばらく佇んで考えていた。霊峰富士というがニッポン国の象徴のような山であって、魂の帰るところを示唆してのことではなかろうか。つぎつぎと黒服の集団が奥へ進んでいく。骨揚《こつあ》げに向かう家族、骨揚げをすませもどってくるグループ。すませたほうは心なしか顔つきがおだやかで、足どりが軽い。「準社員」の一人らしい黒づくめの人が「ご案内、接待サービス」にあたっている。マニュアルがととのえられているのだろう。沈痛な面もち、丁寧ないいまわし、お辞儀は九〇度の角度。

落語の名作「らくだ」の終わりちかくに「落合の火屋《ひや》」が出てくる。

酔っぱらった頑人坊主《がんにんぼうず》が同じく酔っぱらった二人組に火葬場にかつぎこまれた。オチはたしか「ヒヤでいいからもう一杯」。

富士の絵を見下ろす二階にシャレたレストランがあるが、どのグループも見向きもせず、足早に通り過ぎる。たしかに、せっかくだからイッパイやっていこうといった心もちとは縁遠い施設であるが、機能一点ばりというのもさびしいので、採算を度外視して、エスカレーター二基をそなえたレストランが設置されたらしいのだ。富士山の絵もそうだが、奥ゆかしい心くばりがされている。

二番目に近いのは堀ノ内である。この日も家人に告げずに家を出た。地下鉄丸ノ内線新高円寺駅下車。このたびは電柱に注意していたので、迷わずにたどっていける。「冠婚葬祭　仕出し料理」にまじり「ご葬儀は博善社」があらわれ、それが道しるべのようにつづいている。名前からして「東京博善株式会社　堀ノ内斎場」の関連会社だろう。入りくんだ道路わきの駐車場に同じスタイルの車が数台並んでいて、荷台に花が積んである。

古木の奥に落合と同じ色調の優雅な建物が見えた。時刻が午後遅いせいか、本日分は終了して、明日の業務の準備中だった。入り口の標識板の「○○家」が「△△家」にとり換えられ、かたわらに時間がそえてある。家名にカッコして「本家」とあるのは、こだわりのある家族なのだろう。時間が午前十一時台に集中しているのは、やってくる人への配慮と、あとのスケジュールから出てきたことにちがいない。着々と準備が進んでいく。何か懐かしい気がしたのは、遠い昔の学芸会を思い出したせいかもしれない。講堂の裏からベニヤ板やボール紙の作り物や布を運びこんで舞台をつくった。最後に先生が仕上がりぐあいを点検した。ここでも主任格の人が一つ一つ指さしながら検分していた。

「上のお花、もうチョイ右に寄せて」

裏手にまわると、おそろしく民家が建てこんでいる。居間と台所が斎場にくいこんだかたちの家もある。明日のお昼どきはフェンス一つをへだてて、この世の別れと昼の連ドラが同時進行していることになる。

調べてわかったことだが、都内の主だった火葬場はいたって由緒深いのだ。代々幡と桐ヶ谷の斎場は江戸前期の寛文年間にさかのぼる。

落合斎場は旧名を無縁山法界寺といって、四代将軍家綱のころに発足した。どうして斎場がことのほか忠実に江戸の地誌を伝えているのか？

要するにきらわれものであるからだ。社会学では「嫌忌施設」というようだ。

「東京の火葬場は人口の増加や市街地の拡大にもかかわらず、嫌忌施設として市民からきらわれ、増設はおろか郊外移転できないまま一〇〇余年間そのままの状況にある」（八木澤壮一「火葬場」『江戸東京学事典』三省堂）

「東京博善」にみるとおり民営化がすすんでいるのは、江戸時代からの商慣習があるせいだろう。都営は江戸川区の一つきり。

念のため、その都営にも足を運んだ。総武線新小岩駅下車。荒川と江戸川にはさまれた春江町瑞江。となりが一之江、新堀。地名からして、かつては一面の湿地帯だったのだろう。現在はビッシリつまった住宅地で、スーパーいなげやの南が目的地。

昭和十一年（一九三六）にもうけられたというが、後発組なので敷地が広くとってある。いかめしい正門をくぐって右にカーブする並木のかなた、まっ白な屋根と赤レンガ。郊外の大学を訪ねたぐあいだ。ただ矢印が「講義棟」などではなく「お別れホール」。つまり、そんな命名がされている。

はじめて知ったが、葬祭場は㈶東京都公園協会が運営している。上に㈶とあるように独立法人化されていて、正確にいうと「東京都公園協会本社」であり、そこの事業推進第三課葬儀担当が連絡先。

本社になったせいかサービスに気を配っていて、「お客様の声と管理事務所からのお答え」が広報板に貼り出してあった。こちらで出されたオードブルの中身は豆菓子が多くて食べられなかった。年寄りでも食べられる、小さくて柔らかめのものをセットしてもらえないか。

管理事務所の回答によると、「当所は、たくさんの御高齢のお客様が御利用」になるので、おつまみ類には少しでも食べやすい物と考え、カステラやうす焼きせんべいを用意してきた。オードブルセットについては、緊急に検討する――。

これもはじめて知ったのだが、少なくとも都営に関するかぎり、火葬費は七歳が規準のようだ。料金表には「胎児／七歳未満／七歳以上」で料金区分がされている。なぜ七歳で線を引くのかたずねようかと思ったが、事務室全体に粛然とした雰囲気があって訊きそびれた。

お別れホールは冷・暖房つき。あくまで「到着順」が原則であって、みだりに立ち入らないよう入念に注意がうながしてある。人間は骨と灰になると区別がつかないので、取りちがいが生じるせいと思われる。

訪ねてみてわかったが、最後の旅はいたってあっけらかんとしている。よくシステム化されていて、名うてのプロが待機している。なんてこともないのである。スッキリした、幸せともいえる気分で帰途についた。家人に問われたが、ムニャムニャとごまかした。

Ⅳ　よそ者たちの都

鬼子母神懐古——雑司ヶ谷

広い東京に唯一のこった都電荒川線は早稲田と三《み》ノ輪《わ》橋を結んでいる。大塚駅前で乗って南西に向かったところ、三つ目の停留所をすぎた辺りで印象的な光景とぶつかった。

俗に「チンチン電車」といわれたように、発車の合図が「チン」と鳴って、つづいて、エンジンの音がする。ひしめき合った家並みのあいだを縫うように走っていたのだが、急にひろびろとした中に出た。こんもり盛り上がった丘の高みにいるぐあいで、足下が大きくひらけている。左手は青黒いような森、右手は一面の建物群、そのうしろに新宿の高層ビルがニョキニョキとそびえ立っている。振り返ると池袋の超高層ビルが、すぐうしろのように迫ってきた。

つぎの瞬間、電車はまっしぐらに急坂を下り出した。もはやのんびりとしたチンチン電車ではなく、躍るように車体をふるわせ、レールからすっとびかねない勢いだ。青黒い森が近づき、木々のあいだから無数の墓石が見えはじめた。新宿の高層ビルがかき消えて、かわって変哲のない住宅地になった。そのなかにケヤキの大木が両腕を差しのべたように並んでいる。

急坂の終わったところが鬼子母神《きしもじん》前。道路をはさんで古風な停留所がななめに向き合い、警報機が「カンカンカン」とまぬけな音をたてている。「はじめに」で触れているが、若いころ、この近くのアパートにいた。だから警報機の「カンカンカン」が耳の底に残っている。記憶を思い起こしながら、ボンヤリと走り去る電車をながめていた。車体とともにエンジンの音がしだいに小さくなっていく。ふたたび急坂になり、すぐさま地面に沈みこむように見えなくなった。

現在はこまかく町名が分かれているが、かつてはひっくるめて「雑司ヶ谷」だった。早稲田大学の校歌にある「都の西北」であって、小《こ》日向台《ひなただい》、音羽谷、関口台、雑司ヶ谷とつづいている。

高台にそびえるのが護国寺で、都電が印象深い眺望を見せたのは、旧寺領につらなる台地の一角だったのだろう。広大な谷あいを利用して明治の初めに共同墓地がひらかれた。のちに東京市に移管。夏目漱石、永井荷風、泉鏡花、小泉八雲など、幼いころからなじんできた人たちが眠っている。

そういえば荷風の『日和下駄』のなかに雑司ヶ谷が出てくる。東京の夕陽をめでるには木立ごしがいいと述べ、「山の手のその中でも殊に木立深く鬱蒼とした処」として雑司ヶ谷の鬼子母神をあげている。空を蔽う若葉のあいだから夕陽を見てもいいが、晩秋の黄葉のころがとくにおすすめ。

「夕陽影裏《ゆうようえいり》落葉を踏んで歩めば、江湖《ごうこ》淪落の詩人ならざるもまた多少の感慨なきを得まい」

都電の停留所からいうと、東京散策の大先輩の墓は線路の東、その人おすすめの鬼子母神は西にあたる。どちらもすっかりサマがわりした住宅地であって、さてどちらに行くか心が決まらない。すると鼻先に、プーンといい匂いが漂ってきた。向かいに焼鳥屋があって、往来にせり出すかたちで串を焼いていた。アブラが炭火に落ちてポッと燃え上がるたびに、香ばしいような匂いが流れてくる。

「立食い。お持ち帰り自由」

看板にさそわれておもわず声をかけそうになったが、待てしばし、記憶にひかれてやってきた「江湖淪落の詩人」のつもりが、昼ひなかに焼鳥をパクつくのはいかがなものか。目をつむるように踵を返した。ただ鼻はつむるわけにいかないので、しばらく鼻孔の奥がアブラ身の匂いを覚えていた。

若いころは気にもとめなかったが、鬼子母神は夜叉《やしや》の娘だそうだ。性が粗暴で、庶民の幼児をとって食う。そのため鬼といわれていた。それがどうして安産と養育の神になったのか、悪に強ければ善にも強いという意味の逆転のケースだろう。

参道のケヤキ並木はかつては枝葉が天を蔽っていたはずだが、あたまを止められ枝を伐られ、いまやほとんど幹だけである。一方の家並みは昔にかかわらずモルタルの長屋式で、昭和初年のころの共同住宅ではあるまいか。古風なガラス戸に屋号が入っていて、チラリとのぞくと、板間に履きなれたセッタが揃えてあった。

突きあたりが新築マンションで、参道は九〇度折れ曲がる。ゆるやかな石段を上がると、そこは小さな別天地で、まさしく「木立深く鬱蒼」としており、昼なお暗い感じ。

本堂に向かって正面左手、いまどき珍しいオンボロの駄菓子屋がこれもまた昔にかわらず控えている。オンボロ駄菓子屋とは浮き世をしのぶ仮の姿。その名も上川口屋といって元禄年間の創業というから、世の中はわからないものである。鬼子母神名物「すすきのみみずく」は上川口屋の一手販売。地図が貼ってあって、横手の門を出てすぐの家が製造元、駄菓子屋は昔からの出店なのだろう。

安産はもとより、もはや養育にも縁のない身であれば、いたって客観的にながめられる。本堂の軒に毒々しい色調の絵馬が掲げてあって、髪ふり乱した夜叉の娘が赤子を食らっている。江戸の絵師はおどし絵として描いたはずだ。恐怖を与え、ついては罪の深さを思い知らせる。さながら現代の予告である。幼い者たちが親にいじめられ、はてはなぶり殺しにされる。当今の夜叉たちは髪ふり乱したりせず、ブランド物で身を飾っていたりする。

バツ悪く思い当たるご時世のせいか、お参りの人が以前とくらべて少ないようだ。境内の一角に小さなお堂があって、産後の若い母親が、わが子の無事の成長を願ってヘソの緒を納めにくる。その納めのお堂ながら、いまやヘソの緒以前に消えていくいのちがごまんとある。東京近郊の某寺の裏山が水子地蔵で埋めつくされて、数千の風ぐるまがクルクル廻っていたのを見た覚えがあるが、そちらは大繁昌でも、こちらの祈りのお堂は、さながら孤影悄然といったぐあいである。砂場やブランコはあるが子供の姿がない。ハトだけが賑やかに群れている。弱々しい冬の陽ざしがななめになって、午後まだ早いのに夕暮れのけはいである。

「武蔵野の芒《すすき》の梟《ふくろう》買ひに来ておそかりしかば灯ともしにけり」

島木赤彦が詠んでいる。歌のようすでは日暮れどきにきたのだろう、荷風が徘徊し、赤彦が名物のふくろうを買いにきていたころ、雑司ヶ谷は北豊島郡の一部だった。都電荒川線は当時は王子電車といって、もっぱら早稲田近くの牧場の牛乳を運んでいた。それとお彼岸の墓参り、また鬼子母神の参詣客が主な客だった。島木赤彦はひところ牛乳屋をしていたから、商売のかかわりもあって来たのかもしれない。都電はその王子電車をゆずり受けた。道路ではなく軌道を走る電車だったので、モータリゼーションのなかでもお目こぼしにあって廃線を免れたらしいのだ。

鬼子母神から墓地をめざしたところ、へんなところに入りこんだ。閑静な住宅地なのはいいが、道が迷路のように入り組んでいる。細い道が枝分かれして、人家の庭先を突っ切ったりする。戦前の地図を見ると、雑司ヶ谷の周辺には陸軍兵器庫、近衛騎兵連隊が置かれていた。そのかかわりから高級将校の官舎が雑司ヶ谷にあって、それが払い下げられたのち小さく区分けされたらしい。そのときできた細道が妙なぐあいにつながっていて、迷路状の町並みができた。

まごまごしていると、思いがけない建物に行きついた。雑司が谷旧宣教師館といって、木造の優雅な西洋館である。明治の末にマッケーレブという宣教師が建てたもので、家族で住むかたわら布教や教育に使ったという。昭和十六年（一九四一）帰国とあるから、軍国主義のあおりを受け、青い眼の一家は追われるように懐かしい家をあとにしたのだろう。

すぐわきの長い塀に「霊園管理事務所」の矢印がついていたが、管理事務所の職員にたずねてまで墓を訪ねることもない。反対側に歩いていくと、目白通りに出た。すぐ南は落ちこむような急角度で神田上水へと下っていく。

雑司ヶ谷は池袋と新宿という大消費地のあいだの奇妙な一角である。はるか高みからながめると、夜目にも煌々と明るい地区を分けて黒いシミをつくっているのではなかろうか。凹凸いちじるしい複雑な地形のなかに、江戸の安産の神がいれば、陸軍高級将校の官舎もある。使命感に燃えた宣教師のおもかげをしのぶこともできる。

目白通りに口をあけた石段に佇み、少しばかりおセンチになって、昏《く》れなずむ大東京のパノラマをながめていた。新宿の高層ビル全体に明かりがついて、光の柱が天を刺すように林立している。現実の風景であるが、まるで幻の摩天楼のように存在感に乏しいのだ。かりにも地面がひと揺れすると、トランプの家のように倒れていく。そんな気がする。

石段をトットと下ってくると、夕闇のなかにつぎつぎと寺の山門があらわれた。根生院、金乗院、南蔵院……。江戸のころに何かの理由で宗派のちがう寺院が一ヵ所に集められたのだろう。南蔵院の門前に説明板があって、三遊亭円朝作の「怪談乳房榎」は当院を舞台にして、実名で出てくるという。たしか南蔵院に天井画を描いていた絵師が悪浪人に殺され、その妻が手ごめにされる。はずかしめを受けたあと、妻は胸の痛みに苦しみ、「乳房に雀が巣をつくる」と叫びながら死んでいった。

なぜ円朝が雑司ヶ谷の谷底にあたる寺を舞台にしたのか、また「乳房に雀が巣をつくる」といったとっぴな比喩をどうして思いついたのか。赤子を食らう鬼子母神からの連想とすると、それなりに筋道が立つような気がしないでもない。

淡い街燈の下で説明板を読んでいると、きしむようなエンジンの音がして、家並みのあいだを明かりをつけて都電が通りすぎた。目の底にしばらく、わが過去を一瞬に映したような光と影の交錯が残像としてのこっていた。

シオサイト潜入——新橋

銀座から新橋。ふだんなら駅近くのガードをくぐり、すぐ前のビヤホール・ライオンが行きどまりだが、そのライオンを尻目に見て烏森口へとやってきた。こちらもふだんなら烏森神社をうめつくす飲食店街の一つにおさまるのだが、やはりそちらに背を向けて東へすすんだ。とたんに頭上から巨大ビルがかぶさってきた。

旧汐留駅跡、現在は名づけて汐留シオサイト。新橋駅から浜松町駅にかけての海岸に、高層ビル街が出現した。総面積三一ヘクタール。五区十二街区に分かれ、全面完成すると就業人口六万一〇〇〇人、居住人口六〇〇〇人の職住接近都市が誕生——。

全面完成予定が二〇〇六年であって、とっくにでき上がり、新都市をむすんで新交通ゆりかもめが運行している。

新しずくめに迷いこんだ旧の人は、まずはとくと案内図をながめていた。全体がヘンテコな地形なのだ。新橋駅と浜松町駅のあいだに浜離宮庭園が四角の一角を線路に突き出すかたちでくいこんでいる。旧汐留駅は貨物専用駅であって、この隘路を抜けたあとは扇状にひろがって無数の線路に分かれていた。貨物を積み下ろしするだけなので、使い勝手がよかっただろう。

ひょうたんをタテ半分に割り、さらに下のふくらみの半分をちょん切ったような地形であって、そこを街区に分けて道路を通し、新線をつくり、もっとも有効に区割りしてビル街にした。案内図にあたって方角をたしかめ、あらためて案内図をながめて道筋を確認したが、どこやら納得がいかない。それも道理で、そもそも道筋がないのである。道路上にゆりかもめの高架が走っており、その高架をつなぐかたちでシオサイト用の高架道路がのびている。

「二つ目の角を左に入って、つぎの信号を右に折れる」

そんなわけにはいかないのだ。階段を上がって高架道路に入ると、あとは矢印に導かれるだけ。

旧新橋停車場が復元されていて由来がしるしてある。「汽笛一声新橋を――」の新橋駅は、旧汐留駅のこと。もともと汐の流れ入るアシの湿地だったのを、埋め立てて日本最初の駅舎をつくった。海を堤防で仕切ったので汐留。鉄道開通式があったのは明治五年（一八七二）のこと。西寄りに新・新橋駅ができて、大正の初めからは貨物専用になった。

この点では納得できたので、鉄道唱歌を口ずさみながら階段をのぼり、高架道路を歩き出した。

〽愛宕の山に入りのこる
　月を旅路の友として

汐留シティセンター、汐留アネックス、カレッタ汐留、日テレタワー、汐留メディアタワー……。さきほど案内図で頭に入れたばかりだが、はやくもこんがらがってきた。ガラスと鉄骨ずくめがそびえ立ち、あいだにレンガ風や合金風や大理石もどき風がまじっている。あらためて高架道路わきの案内図で照合にかかったが、いちいち目を上げて確かめても、名前が似通っているので識別がつかない。

わきに禁止事項がズラリと表示してある。自転車、バイク、スケートボードやキックボードの乗入禁止。ゼッケン着用、旗竿持込、集会行為不可。許可なしのイベントやビラの配布、またペットの散歩もダメ。

「寝転がり・寝込み・車座禁止」

ふつう道路で見かける風景のことごとくが禁止事項にひっかかる。

ただ歩いて目的のビルへ向かい、用がすめば、そそくさと通過する。見たところは歩行者用の道路であるが、その機能性からいうとビル間の廊下であって、廊下で寝転がったり、ペットと散歩してはいけないわけだ。

週日の午後三時すぎ。就業人口六万一〇〇〇人はいっせいに就業中とみえて、あたりに人かげがない。コンクリートの平面が長々とのび、遠近法の原理で先端が一点に合わさっている。大東京のまっ只中に、これだけ人のいない広大な空間は二つとないというものだ。

「サテ——と」

高層ビルを見上げながら思案した。もともと用のない人間を想定していないので、用のない人は歩き出すきっかけがない。

「店はどこだろう？」

これだけの人間を養うためには多くの店舗が必要だ。業務が終わると人口が十分の一にへるとしても、少なくとも昼間の御用はつとめなくてはならぬ。見回したところには看板一つない。

そっくりビル内に入居していて、入口にきれいなディスプレイで示されていた。コリアン・ダイニング、チャイニーズ・ディナー、ジャパニーズ・ベントー。通常の韓国料理、中華飯店、各種弁当と表示がちがうのは、異質空間に合わせてだろう。そういえば鮨屋、そば屋、酒屋ではなくて鮨処、そば処、酒処。たしかにここではとりとめのない「処」が似合っている。

マイスタ広場、コンラッド東京、ラ・トゥール汐留……。

歩くにつれて視点が移っていく。応じてビルの角度がかわり、さらにゆりかもめの路線がへんなぐあいにうねっていて、ほんのちょっぴり移動しただけなのに、またもや方角を失い自分の位置がわからなくなった。

「特別警戒中」

ビルの入口にいかめしい注意書き。英語ではアンダー・ストリクト・セキュリティ・コントロールというらしい。

〽右は高輪泉岳寺

四十七士の墓どころ

自分を元気づけるかね合いで口にしたまでだが、こんなところで赤穂浪士の偉業を口ずさんでいると、セキュリティ・コントロールにひっかかるのではあるまいか。

気をとり直し、さも用をおびたかね合いで自動ドアを入ってみた。

アンサー、アットローン、アニメチャンネル、ビィー・フリーソフト、CLSAキャピタル・パートナーズ・ジャパン、ディーツーコミュニケーションズ、エモーション、エリナ、ケイビーエムジェイ、エヌ・ケイ・リミテッド、エヌ・ケイ・ワン……。

どれも前か後に「株式会社」がついているから、レッキとした会社名である。エレベーターのドアが開くなり、アタッシュケースの三人づれが前のめりになって出てきた。一人はケータイを耳に当てている。上司が指示して若い一人が駆け出した。みるまに黒い背広が三つの黒点になるのをボンヤリとながめていた。

広大なフロアの片隅に和食の店が入っていて、手書きで「宮崎郷土料理」とある。「冷汁」「あげみ」「めひかり」。あまりなじみがないのは宮崎に特有の食べ物なのだろう。宮崎焼酎、宮崎風チキン南蛮、宮崎鶏炭火焼き、宮崎鶏唐揚げ……。すべて宮崎モノで通してある。昼間はケイビーエムジェイやエヌ・ケイ・リミテッドでも、日が暮れると宮崎焼酎や宮崎風チキン南蛮が恋しくなるのだろうか。

新橋駅の案内センターで入手した「ゆりかもめ&りんかい線で行くエンジョイマップ」が、きれいなイラスト地図で示している。新橋発ゆりかもめと大崎発りんかい線が台場駅でまじわり、一方は豊洲、もう一方は新木場と結んでいる。その間に国際展示場、日本科学未来館、東京国際交流館、さらにテレコムセンタービル、アクアシティお台場、フジテレビ、ホテルグランパシフィック・メリディアンなどの巨大ビル、お台場海浜公園、潮風公園などの公園が点在している。国際展示場の別称「ビッグサイト」を借りると、シオがビッグの玄関口というものだ。

未来都市のモデル地区であって、エンジョイマップが「みどころいっぱい！　おすすめアミューズメントスポット」を誘っている。「アクセス自在！」で「ベイエリアを一二〇％楽しむ」ことができる。

〽「窓より近く品川の
　　台場も見えて波白く

運転手のいない電車がゆっくりとお台場に向かっていく。あいかわらず高架道路にはひとけがない。気がつくと夕陽がまっ赤な玉になって沈みかけていた。ガラスずくめの高層ビルが火のような朱に染まり、祭礼のときの御柱が上から燃えながらそびえている。

もどりは新交通ゆりかもめで一駅、二分たらず。

〽おもえば夢か時のまに

五十三次はしりきて……

新橋駅頭の雑踏にもどってきた。同じ「アミューズメントスポット」でも、なぜかこちらだと全身がいきいきとして、いろんな思いがせわしなくめぐっていく。理髪店入口の電気式表示「只今の待ち時間」の○分のところに明かりがついている。

「サッパリしていくかなァ」

髪をなでながら思案した。お隣りが「酸素パワー」をすすめている。

気圧でふくらました横長の容器に入って酸素を吸うと、疲労回復、美肌、ダイエットに効く。肩こりにもいい。酸素カプセルの写真がついていて、新素材だそうだ。たしかに汐留の風に吹かれて酸素が不足ぎみだが、カプセルが多少ともお棺に似ている。

「指圧おためしコース三〇分」

「2F」に大きな矢印がついている。シオサイトで矢印にたよりづめだったせいか、ついふらふらと二階に上がり「おためしコース三〇分」をためしてみた。未来地区でこわばっていた全身がもみほぐされ、あとのビールがことのほかうまかった。

聖と俗――晴海通り

花の銀座の四丁目。用があろうとなかろうと、たいていの人が立ちどまる。この辺りにくる人は、おおかたとりたてて用のない人たちだから、見上げたり、見廻したり、キョロキョロしたり。

四つ角の四天王さながら三越、和光、鳩居堂、日産ギャラリーが控えていて、三愛の広告塔からたえまなく、けたたましい音量つきの映像があらわれる。最新モード、最新グッズ、最新のクルマ、最新情報……。

そこから徒歩二分。晴海通りのバス停「銀座四丁目」がすぐわきにあるから、四天王のお隣りといっていい。地名は三原橋、平成の最新エリアから一挙に昭和三十年代に舞いもどったかのようなのだ。「橋」がつくが川はない。歩道がヘンなぐあいに二手に分かれ、一つはそのまま晴海通り。もう一つはゆるやかに下がって、また上がる。下がりきったところにポッカリと地下街が口をあけている。

シネパトス1・2・3、おでん小料理、ギフトショップ・アラジン、お食事処三原、理容室エンドウ。石段を下ると、「本日の定食」が迎えてくれる。牛肉オイル焼定食、さんま焼定食、さばみそ煮定食、あじたたき定食。客によけいな気づかいをさせないためだろう、どの定食も七五〇円に統一してある。

「いらっしゃいませ」

ギフトショップの照明看板がまたたいている。たしかにギフトながら、かなり特殊な贈答品で、もっぱら大人専用。地下街には理髪店がつきものだが、小なりとはいえ三原橋地下街にも赤白だんだら模様がクルクルまわっている。フルコース二六二五円、カットのみ（シャンプーなし）一五七五円。値段のつけ方、またシャンプーのあるなしにも店主の思想と努力が見てとれる。

昔の地図には掘割が走り、橋がかかっていた。埋め立てにあたり地下街がつくられたとすると、この種のものでは大先輩にあたる。古老に相応の威厳と古びたもののわびしさが調和し合って、えもいわれぬ雰囲気をつくっている。

歩いて二分ほどのつぎの角は、晴海通りと昭和通りの交叉するところ。前方左手におなじみの歌舞伎座がのぞいている。右手はできたばかりのガラスずくめのビル。そのガラスずくめの隣りに古風なレンガ造りがひっそりとたたずんでいて、年代物の看板に「改造社書店」とある。いかにも「町の本屋さん」といった感じで、入口には小さな扇風機がまわっている。エプロンをつけた品のいい女性がお店番。

歌舞伎座の唐破風の正面にズラリと赤い提灯が下がり、左右に巨大な絵看板。おそろしく時代ばなれした異物が、大東京の一点にニョキリと突き出たぐあいである。まさにこれがいいのだ。歌舞伎座という古いお芝居小屋にふさわしい。昼・夜興行の入れ換えどきには、八割のオバさまと二割のオジさまがチケットを握りしめてひしめき合っている。そのわきをすり抜けて、ケータイで声高に話しながらアタッシュケースをさげたのが足早に通っていく。

おりしも九月大歌舞伎は初代中村吉右衛門にあやかる秀山祭で、当代吉右衛門が出ずっぱり。「一谷嫩軍記《いちのたにふたばぐんき》」熊谷陣屋の場。絵看板にも熊谷直実に扮した吉右衛門が躍っている。ま向かいの建物は大學眼鏡研究所ショールームで、見上げるはてまでも鉄骨とガラス。こちらは「白内障手術後のメガネ」特集。江戸と二十一世紀が並び立ち、チョンまげに羽織はかまの直実がくっきりとメガネのフレームに映っていた。

つづいてまた徒歩二分で万年橋。以前は築地川が流れ、万年橋、采女《うねめ》橋、千代《せんだい》橋がかかっていた。現在は首都高速都心環状線。蓋のようにして橋がのっかり、つき出たところが公園になっている。

はじめて知ったのだが忠犬ハチ公ではなく、名犬チロリというのがいた。こちらは捨て犬で処分寸前だったところを助けられ、のちにセラピードッグとして大活躍、多くのお年寄りや障害者を助けたという。由来記の上に子犬を従えた老犬のブロンズ像がのっている。

そのかたわらは「健康こみち」といって、「踏んで歩いてイキイキ健康」のコーナー。銭湯などに置いてある足踏み健康板の立体篇で、コンクリートにズラリとイボイボがしかけてある。その上を歩くと「イキイキ健康」というのだが、わざわざ靴と靴下をぬいで歩いてみる人もいないのだろう。足形で「スタート」とすすめてあるが、イボの上に枯れ葉が散っているばかり。設置者名はしるされていないが、「中央区立築地川銀座公園」とあるから、区の事業かもしれない。

万年橋東詰に超モダンなビルがそびえている。その名もＡＤＫ松竹スクエア、歌舞伎の元締めの会社がつくった。三階の大谷図書館は芝居好きのつどうところで、閲覧カードで申請すると、たちどころに初代吉右衛門があらわれる。

べつにそんな用向きがなくてもビルの立ち寄りをおすすめしよう。「スクエア」とうたうからには「広場」を意図したものだろう。市街地ではなく建物の中にあって、誰でも行き来できる。

いかにもそのとおり。街路樹こそないが広くひらいていて、頭上がグンと高いのだ。一方が野外劇場風の段になっていて、せり上がった上にカフェがのっている。いかに広大な空間かは、カフェのボーイが豆つぶ大に見えることからもあきらかだ。土一升に金一升の大都市にあって、大手の会社がミエをきって太っ腹をみせたぐあいである。

スクエアであれば立ち式のカフェもあり、カプチーノやエスプレッソがいただける。段にすわって本を読んでいてもいい。他人に固定資産税を払ってもらって、昼の日中にゼイタクな広場をひとり占め。

そこからまた徒歩二分。「華僑大厦」があるのをごぞんじか。英語名がついていて、Overseas Chinese Bldg. あわせてもう一つの標示板は華僑国際企業有限公司、Overseas Chinese Enterprising Co.

世界に名だたる商人集団華僑のビルにしては、古びて汚れているが、かつては異彩を放っていたのではあるまいか。薄暗い通路の奥まったところに喫茶ライライが営業中。向かいのドア、ふつうでいうと管理人室にあたるところに華僑国際企業有限公司の札が出ていた。「大隠は市《いち》に隠る」というから、ほんとうの金持は管理人室にひっそりといるのかもしれない。

華僑ビルからまた徒歩二分。新大橋通りを左に折れると正門の前にくる。誰もがまずは唖然として目を丸くしたまま立ちつくすだろう。インドが引っ越してきたぐあいなのだ。白亜の石造り、パゴダをそなえ、イスラム風のモスクにも似ている。石柱はギリシャ風。ともあれレッキとした真宗寺院で築地本願寺。その証しのように塀にそって「納骨堂受付け中」の大看板。「築地本願寺パイプオルガン・ランチタイムコンサート」のお誘い、文化講座、「ご法要のお申込み」「仏事なんでも相談」、とにかく何でもやっている。

東京帝国大学建築学科教授、帝国学士院会員、文化勲章受章者、伊東忠太の作。どうして真宗寺院にこんなへんてこなインド風を選んだのか。よく見ると建物のあちこちに異獣のような動物の石像がついている。この先生はお化けや怪獣が大好きで、それが飾りになったらしい。

昭和九年（一九三四）完成。国中にキナ臭いにおいがたちこめ、官民あげて軍国主義に走りこんでいたころに、なんともたのしい人が、たのしい空想の赴くままに石の聖堂を設計した。造った人もそうだが、造らせた方もなかなかの大物だったといわなくてはならない。

「カフェ・ド・シンラン、オープン！」

笠をかぶり、杖をつき、数珠をもった親鸞さまがカフェの前にお立ちになっている。本願寺内に新しくできた施設で、「ロハスな暮らしを提案するライフスタイルマガジン」と、「国産雑穀の製品開発と販売で日本の農業を活気づける〝ベストアメニティ〟のコラボレーション」によるカフェ＆バー。飲んで食べるだけではない。テイスティングワークショップ、音楽ライブ、さまざまなイベントなど、「見て・触れて・味わって・体感できるロハスな情報」を発信している。

築地本願寺正門からまたまた徒歩二分で「築地場外市場商店街」に入っていく。中央卸売市場、またの名が築地場内市場はプロ専用。いっぽう場外市場は誰でも入れる。ハーモニカ長屋式に商店がつらなっていて、魚河岸直送が売り台にのっている。

「移転しません。私たちはずーっと築地で頑張ります」

東京都が移転をもちかけていて、それに対する異議申し立て。場内市場の関係者には移転賛成組もいるそうだが、場外市場は反対一色。聖堂と隣り合った俗界でこそ、トロもあわびも一段と旨いのだ。

気がつくと、お腹がペコペコ。歩いたのは二分×六で計十二分にすぎないが、聖俗のあわいにひしめきあったイロイロと立ち会った。どれといわずいいとこ取りの寄せ集め。東京というフシギ都市の特色にちがいない。なんとも奇妙なものであるが、目に見えない意志によって統一されたようでもあり、それ自体が生活者に独特のスタイルといえなくもない。何でもありのゴッタ煮様式に立ち会っていると、身心ともに消耗する。

「築地名物」と銘打った店が、写真入りメニューをかかげていた。大トロ三九八円、中トロ二九八円、あわび三九八円、たい一九八円、子持こぶ一九八円、こはだ一四八円、ほたて一二八円……。たこ、いかげそ、びんとろ、玉子の九八円まで、すべて八の端数。計算機片手にすしをつまむのが当今のスタイルなのだろう。

人国記——銀座その二

春になると首都圏にドッと新しい顔があらわれる。大学に受かって上京してきた学生、新入社員、新しい職場についたサラリーマン……。往来であれ電車の中であれ、ひと目でわかる。ちょっぴり緊張しており、足どりがぎこちない。どことなくこわばっていて、見上げたり、見回したり、あわてて振り向いたり、落ち着きのなさが見てとれる。

どこか心もとなげで、全身にこわばりがある。緊張を見せまいとして緊張している。

同じような過去をもつ人は身に覚えがあるはずだ。もう忘れはてているかもしれないが、思い返してみてもいい。古里からの列車や長距離バスが東京に近づくにつれ、からだがひとりでに身構えをはじめた。背すじに電気のようなものが走ったこともある。下半身に急に尿意を催したりした。

古里にはもはや「ウサギ追いしかの山」はなく、「小ブナ釣りしかの川」も姿を消した。しかし、ただ一つ変わらないものがある。そこでは人も町も風景も、また日常に交わされる言葉も、いわば「顔見知り」だということ。少し歩けば知った店に行きつき、なじみの顔に出くわせる。一歩ごとに見なれた風景があらわれ、特有の語彙をもった「お国言葉」が耳にとどく。

いいかえれば「安定」、あるいは「安心」であって、そこにいるとき緊張は要らない。全身はゆるぎない大地の上に立っており、どうしてこわばる必要があるだろう。お国言葉だと舌が勝手に動いてくれる。

桜の咲くころ、電車の中、喫茶店のお昼どき、あるいは夜の居酒屋の隣席から、歌のリフレーンのように聞こえてくる。

「国はどこ?」

「東北です」

「東北のどこ?」

「宮城です」

「宮城のどの辺り？」

やりとりの語調で先輩・後輩か、上司と部下か、同輩同士といったことも直ちにわかる。「東北です」の東北が、北海道だったり、関西だったり、九州だったり、さしあたりは大まかである。つぎに府県に移り、そこの「北の方」「南の方」と方向で示され、そのあと市や町になる。これまではそれでケリがついたが、このところは応答がもう一段ある。

「東松島市です」

「ヒガシマッシマ？」

「先だって合併して……」

松島町の東の二つの町がくっついて市になった。似た名前が隣合っていてややこしい――といった説明がひとしきりあって、ようやく終了。「平成の大合併」は、こんなやりとりにも影響を及ぼしている。

自分のこわばりや緊張が気になったら、銀座へ出かけてみるのはどうだろう。花の銀座である。世界中のブランド、とびきりの高級品の居並ぶところ。しかし実はそこは国づくし、よそ者の寄せあつめであると気がつくはずだ。とたんにこわばりがなくなり、緊張がウソのように消えるのではなかろうか。

どこから歩き出してもいいが、さしあたりほぼ中央の銀座四丁目。ある世代以上の人は、そこが「尾張町」とよばれていたことを知っている。だからそれほど昔のことではないのである。銀座のどまん中に尾張名古屋が出ばっていた。

さらに古くは加賀町、出雲町、因幡町。さらに小田原河岸や越前堀があった。いまにトキめく店や会社の古い引き札には、誇らかにうたってあった。

「京橋尾張町・熊谷鳩居堂謹製あせぼのくすり」

「京橋出雲町・資生堂の毛はえ薬」

銀座にいろんな国が並んでいたのは、そもそもの成り立ちと関係がある。徳川家康入城のみぎり、まだ一面の入江だったところを埋め立てるにあたり、諸国の人馬を動員した。千石につき一人の割り合いだったという。埋め立て終了後、出仕した者たちの国名をとって地名とした。

ブラリブラリと歩くとしよう。銀座はブラリブラリと歩くのがいい。もう死語にちかいが、かつては「銀ブラ」といった。ただ歩くだけ。まかりまちがっても買い物などしない。

「お蔭様で110年」

眼鏡店の店先に古写真が飾ってある。ビルになる前の店構えで、看板には「眼鏡舗」とあって、二階建てのしもたや風。同じかまえの店が軒をつらねている。どれも一階が店で、二階が住まいだったのだろう。二階の手すりに陽よけが下がっている。

すぐおとなりがブティックの店ブルガリ、つづいてワインショップ・エノテカ、銀座菊水、銀座ダイアナ、銀座ヨシノヤ、銀座大増、銀座タカゲン、銀座マギー、銀座くのや、銀座かねまつ。

店名に「銀座」がつくのは、地名自体がブランドの役割をおびているからで、高らかに銀座をうたい、むろん、包装紙に刷りこんでいる。宣伝の効用とともに、念願かなって花の銀座に店をもったときのよろこびと誇りを伝えるものにちがいない。

資生堂パーラーと背中合わせが三河屋本店。作者不詳の『人国記』が、国ごとにちがう人となりを語っている。ちなみに三河の国の人は「気がまわりすぎて背がのびない」という。どのようなデータにもとづくのか、ほかにもこんなぐあいだ。

「その言葉卑しけれども実義なり。虚談する事を禁ずるといへども、偏屈にして、我が言を先とし、人の述ぶる所を待たずしてこれを談じ……」

実利派で、多少ともエゴイスティックで、相手の話を終わりまで聞かずに口をはさむとか。はき物の阿波屋さんの生国阿波については、その風俗のすこやかなるを述べたのち、智のあるのにまかせて意地を忘れ、「変道」を行うことがままあるという。ヘンなことをしでかすというのだろうか。

和菓子の筑紫、三越デパートの端緒は越後屋だった。松坂屋、大阪屋、山城屋――『人国記』のあのくだり、このくだりを思い出しながらブラリブラリブラリと歩いていく。

三河屋向かいの金春湯《こんぱるゆ》。銭湯であって、二時にはノレンがひるがえっている。江戸の地図では出雲町の西に「金春屋敷」とある。能役者集団の金春、観世、宝生、金剛の四座のうち、金春家はもっとも伝統があり、その屋敷のあったところだが、名ごりをとどめるのは金春通りの銭湯一つ。

金春通りと北で交差するのが花椿通り。角の資生堂の優雅なビルの横手に一つの石柱があって「豊岩稲荷神社」と刻まれ、それがまた細い露地の入口になっている。花椿通りとまじわるすずらん通り側にも同じ石柱があって、こちらも細い露地の入口になっている。二つの露地の合わさる角に石のキツネが向かい合い、かたわらの台に花と油あげがそなえてある。

せっかくだから形だけでもお参りして、ついでに露地をトクとながめてみよう。小型車でも車はムリであって、手押し車か自転車がやっとの狭さ、実際、自転車が立てかけてあって、かたわらに洗濯機が一つ。

先ほどの創業一一〇年、眼鏡店の古写真を思い出すと、よくわかるのではなかろうか。通りに面して店が並び、細い露地は双方の裏口にあたる。おのずとそれは主人一家の生活道だった。毎日の通りすがりにお稲荷を拝んでいく。

この構造は銀座全体にわたって変わらない。そして戦前から戦後へと引き継がれた。建物がビル化され、店と住居が別々になるにつれて生活道が消えていった。豊岩稲荷のあたりはわずかな例外で、旧のたたずまいがよく残っている。

もはや想像もつかないが、戦後もながく、この露地を便所のくみ取り業者が出入りしていた。双方の店の裏手であって、必ず便所がついている。生活道の大切な業務はゴミ出しと便所のくみ取り。銀座一円は裏の露地が極端に狭いので、桶にくみ取り、天秤棒でかつぎ出した。花椿通りやすずらん通りに荷車がとめてあって、それに肥え桶をのせて運んでいった。

現在の東京高速道路近くには、数寄屋橋にはじまり、要所ごとに山下橋、新幸橋、土橋、難波橋、新橋の名がついている。江戸時代からの水路であって、東京湾はすぐ近かった。

水路の橋づめには必ずおわい船がつないであった。どういうわけか「ダルマ船」とよばれる平底船で、肥え桶は荷車から船に積みかえられ、海の捨て場へと運ばれた。

そんなに遠いことではない。映画『君の名は』が大ヒットしたころも、むろん、くみ取り時代だった。永遠のすれちがい劇にあって、数寄屋橋のたもとで約束の人があらわれるのをじっと待っているあいだ、可憐な恋人たちの足の下を、肥え桶を満載した平底船が、おなじみの臭気をふりまきながら、ゆっくりと波を分けていたはずである。

豊岩稲荷の近辺だけでなく、ルイ・ヴィトンの横手、ノエビアの背のところなども、よく見るとそのかみの露地のおもかげがある。界隈の店の年輩の主人や恰幅のいい女主人たちは若いころ、天秤棒をしならせて肥え桶を運び出す人たちを毎日のように見ていた。肥え桶というものは天秤棒のしなりに合わせ、チャプチャプと音を立てることもよく知っている。

桜が散って青葉が繁るころ、新東京人の緊張やこわばりは消えている。通りから『人国記』を伝える名前が消えて、カタカナや横文字の無個性な名に変わっていくのと同じ。そのころはもう「国はどこ」といったやりとりも、ほとんど耳にしないだろう。

分譲四代――文京区西片町

御茶ノ水から本郷通りに出て西に向かった。本郷三丁目の四つ辻をすぎると、右手に重苦しい建物が見えてくる。天下の東大であって、まずは赤門、ついで正門。古めかしいレンガ造りと、超近代的な鉄骨とガラス造りが並び立ち、ともに肩をそびやかしているようで、なんとも落ち着きがない。

以前、ちょっとした縁があって、十年ばかりお勤めをした。建物を目にしただけで重苦しい気分になるのは、よほど全身がイヤがっていたのだろう。勤めをやめてから、よんどころない用事で一度だけ足を踏み入れたことがあるが、そのほかはすっかりごぶさた。よくもまあ十年もいたものかと、われながら不審でならない。

本郷通りの西に白山通りが走っている。二つの大通りのあいだで台地状に盛り上がってひろがるのが、文京区西片町。以前は駒込西片町といった。その前は本郷区駒込西片町だった。さらにその前は「阿部様の町」と呼ばれていた。

すっかり春めいた昼下がり、はきなれた靴が足にここちいい。本郷通りと白山通りを結ぶ道は台地を切り割ったかたちで、ゆっくりうねりながら下っていく。両側の高みを橋がつないでいて、川底を行くぐあいに橋をくぐった。するとすぐ右手、ゆるやかな勾配の道が段差をつくり、台地へと上がっていく。つづいて急坂を少しのぼると、静かな住宅地に入っていった。買物籠をさげた若い母親が坊やの手をひいて歩いていく。

「新会長選出——」

町会の掲示板に理事会選出の人名と経歴が貼り出されている。パソコンを駆使したシャレたつくりで、新町会長は東京大学文学部卒業、元学習院大学学長（同大学名誉教授）、専攻は中国古代史。町会の仕事と中国古代史の専攻とが、どのようなかかわりにあるのか不明だが、少なくとも西片町会では、このような紹介がきっと習わしなのだろう。

古風な洋館が取り壊し中で、ばかでかいクレーン車が鉄の腕を空に突き上げ、そばにマンション完成図の大看板が立てられている。四方からの辻が集まるところが、公園になっている。周囲は古風な大谷石で築かれ、古木が上よりも横にのびている。「西片児童公園」と名称は今風だが、古い来歴をもつのではあるまいか。大人の胸ほどもある黒っぽい石碑が、かつてここにシイの大木があったことを告げている。

樹高五丈周囲一丈蓋四百年
州街道為里堠之目標枝幹撃

昔の人は教養があったから、木の説明にも漢詩風につづった。名うての大木であって、道行く人の目じるしになっていたらしい。つづいて「人呼曰阿部大椎樹」とあるから、土地の人は「阿部様の大椎樹《おおしいのき》」といった呼び方をしていたのだろう。

すぐ西の家は古風な二階建ての左手に、建て増しのかたちで洋館がついている。昭和初期にはやったスタイルで、そこだけが洋間になっていて、幼い娘がいたころは、おりおりピアノの練習曲が洩れてきただろうか。冠木門のつくりだが、小屋根は瓦葺き、まん丸い門灯があって両開きの門。中は見えないが、門を入ると踏み石が玄関へと導くはずだ。

隣り合ってカーサ西片、マーキュリーハウス。ともに色タイル、色ガラスがふんだんに使ってあって、さらにセメント吹きつけで賑やかだ。門などはなく道路にはみ出しかげんに車庫がついていて、形ばかりの飾り木があるだけ。

二度ばかり角を曲がった。そのつど四辻のぐあいと方角をたしかめていたのに、二度目で道がわからなくなった。

「エーと、こちらから来て、こう曲がったのだから——」

振り向いて指さしながら確認したが、やはりこころもとない。ゆるやかな碁盤目のようだが、そのゆるやかさがクセモノであって、曲線の原理により、いつしか元のところにもどりかける。ナビゲーターをもつ車の人も同じらしく、ゆるゆると走ってきた車が急停車した。小窓を開き、電柱の下にしるされた「西片一—8」といった地番をのぞきこんでいる。一帯の道路を設計した人は、自動車といった乗り物を想定していなかったのではなかろうか。

鉤の字に曲がった一角がうっそうと茂り合っていて、くぐり戸の傾きぐあいからも廃屋を告げている。標札を取り去ったあとにセメントが詰めてある。ただ大門わきの門柱は健在で、白タイルの住所標示が埋めこんである。

「本郷区駒込西片町拾番地いの二五號」

門柱、住所標示とも歳月をへたものに特有の美しさと気品をおびている。その威厳におされて、取り外してセメントを詰めるのをためらったのかもしれない。

「小石川谷中本郷繪圖」といった江戸時代の地図では、天下の東大のあるところに「加賀宰相殿」とあるだけ、加賀百万石の上屋敷一つが全キャンパスに相当した。

現在の西片町にあたるのは「阿部伊勢守」、わきに小さく「御徒組」とある。備後福山藩阿部家の中屋敷と将軍の警備と先払いをした徒士《かち》組の屋敷があった。目分量でいって阿部家が九割、御徒組が一割。

明治維新にあって旧体制が瓦解《がかい》したのち、失業した士族は財産を切り売りして生き残りを図った。大名家も同様で、江戸藩邸を売りに出し、士族長屋を貸家にした。たいていが士族の商法で、小ずるいのにタダ同然にぶん取られた。

旧福山藩の阿部家には、幹部クラスに知恵者がいたのだろう。広大な中屋敷の跡地を切り売りしないで、みずからの手で町づくりをはじめた。それも一度に全部を処分せず、明治から大正にかけて、時代の風向きを見定めながら区画を区切って売りに出したのだから、なかなかたいしたものである。帝大や一高に近いという地の利もあって、学者や文化人や役人が住みついた。高山樗牛や木下杢太郎、佐佐木信綱が住んでいた。漱石もひところ西片町の住人だった。

正式には西片町でも、地元の人は戦前まで「阿部様の町」といいならわしていたらしい。大正のころは行政的には「本郷区」だった。そのころの地図には西片町の東に大きく「阿部邸」とある。旧藩主の屋敷が、まだ健在だったのだろう。そのころの名ごりか西片町一番地界隈には、まん中に「阿」の字を刻んだマンホールが残されている。

「文京区西片一〇番地いの一号」

門柱だけ旧のままで、建物は超モダンに建て替えている。「いの一号」に愛着があって標札が残されたのだろう。

なにしろ町の大部分が阿部家の敷地なので、番地はほとんどどこも十番地である。何かにつけて不便なので、便宜上いろはを割りふり、これに番号をつけていった。割りふりのかげんで、「への3号」といった、あまりありがたくない番地をいただいた家もあった。その点、「いの一号」は威勢がいい。標札自体が宝物というものだ。

明治、大正、昭和、平成——時代の荒波のなかで分譲地が微妙に変化した。関東大震災は、高台の利点を生かしてなんとかしのげた。大きく変わったのは戦後のようだ。財産税が払えなくて物納したのを当時の大蔵省が払い下げたりして、住人がだいぶ変わった。混乱に乗じて甘い汁をすった新興組が、なにくわぬ顔で引っ越してきた。

集合住宅の命名に時代色がにじみ出ている。

「西片住宅入口　同志会」

大正時代のクリスチャンが共同でつくったケースである。

「ハウス橡《とち》の木」

民主日本をうたっていた昭和二十年代の分譲では、玄関先にあたるところの古木に時代色が見てとれる。

「ベルウッド西片」

「ヴィラ・エスポワール」

いわずと知れた当今の物件。わきに「住いの夢ステーション」と添えられていて、とても東京都認可の仲介業者とは思えない。

午後の陽が西に傾きかけて、スミレ色に変化した。気品のあるハゲ頭の老人が、ややおぼつかない歩調で歩いていく。着古しであれ、優雅な色合いのセーター、チョッキのコンビネーションと象牙の握りのついた散歩杖。専攻・中国古代史の町会長を選ぶ正統派西片町民にちがいない。

取り壊された家の敷地が半分に区切られ、二分の一になった一方が工事中。半分を売り払い、その金でわが家の新築にかかったのだろう。くり返されるたびに土地が細分化されていく。高さ、幅とも目いっぱい出ばっているのは、二世帯、三世帯住宅に変わったからだ。姓が同じで名のちがう郵便ポストの数が住人の形態を告げていた。

誠之小学校の前にきた。校名に由緒がある。福山藩は江戸詰めの藩士教育のために文政元年（一八一八）、誠之館を建てた。

「誠ハ天ノ道ナリ、之ヲ誠ニスルハ人ノ道ナリ」

これが藩校名の由来。文京区立の小学校が、わずかに土地の記憶を伝えている。

ふと見ると「掲示板」に「防犯かわら版」が貼ってある。

「『チカン』出没注意
不審な人を見かけたらすぐ一一〇番」

身に覚えはないが、のべつ立ちどまって、のぞきこむ。まさしく「不審な人」にあたるのだ。そういえば先ほどのハゲ頭の老人が杖を手に立ちどまり、じっとこちらを見つめている。頭に小さなコブがあり、背後から光を受けて、それがスミレ色に尖って見える。まるでお伽噺に出てくる小鬼のようだ。

巨大な真空——皇居東御苑

東京駅の丸の内側に出ると、前にズラリと三菱本館、古河ビル、明治安田生命、日本工業倶楽部、郵船ビル、みずほ、新住友ビルなどの高層建築が並んでいる。大東京の玄関口と皇居とのあいだの超一等地であって、資本主義のボスたちが目をつけるのは当然のこと。

そこを抜け、お濠ばたに出ると、石垣と松と木造りの大門だ。時代劇にそのまま使える。一国の首都にあって、これほど風景が激変するケースは世界に類がない。

大門を入っていくと、「皇居東御苑」といって、面積二一万平米の広大な庭がひろがっている。芝生、ベンチ、売店、トイレ、すべてきれいに維持されていて、花壇、庭園、池、竹林、菖蒲園……こちらもチリ一つなく、すこぶる手入れがいい。しかも入場無料。諸事万端、高い税金をぶんどられているニッポン国にあって、これほど気前のいい施設を利用しない手はないのである。

日本人は皇居とくると立ち入り不可と思いこんでいるらしく、ほとんど見かけない。たまに出くわしても、どこかものおじした風情で、多少とも遠慮がちに歩いている。いっぽう外国人観光客は抜かりなくガイドブックで調べていて、まっ先にやってくる。もとよりものおじせず、遠慮もしない。

「ハロー、プリーズ！」

アメリカ人らしい二人づれにカメラのシャッター押しをたのまれた。つづいて中国人グループ、さらにまた台湾からという老若男女。皇居勤めを昔は「仕人《つこうど》」といったようだが、入口でせっせと写真係のお仕えをした。

「皇居造営の一環として、昭和三十九年一月二十九日の閣議決定に基づき、皇居東地区の旧江戸城本丸、二の丸及び三の丸の一部を皇居付属公園として整備することになり……」

財団法人菊葉文化協会発行のガイドマップ（無料）に由来がしるし

である。皇居となると、おのずと荘重な言い方になるのか、切れ目のない長い文章で、以下、着工、完成の日時、面積とつづき、「宮中行事に支障のない限り一般に公開されています」。

出入口は大手門、平川門、北桔《はね》橋門の三つ。季節によって終園時刻に少々ちがいはあるが、入園は年中、午前九時が始まり。月曜・金曜が休園。ただし、天皇誕生日以外の「国民の祝日等の休日」は公開するが、月曜日が休日で公開する場合は火曜日（休日を除く）を休園する――。「ただし」以下、三度読み返してようやく意味が判明した。

お城というものの特徴だが、まっすぐの通路がない。枡形《ますがた》といって、門を入ると直角に曲がり、次の門で反対の直角に折れ、さらにまた大きく曲がる。防御と攻撃にそなえてのつくりである。その間に同人番所、百人番所、大番所が見張っていた。

番所というのは歌舞伎で見るのと同じで、黒々した木造平屋。百人番所は同心一〇〇人が組になって詰めていたとかで、長屋のように横に長い。つい先ほどまで縦に長い高層ビルをながめていたので、急に平べったい横長のまっ黒な建物を目にとめても視覚が納得しないらしく、たいていの人が近づいて手でさわっている。

正確にいうと大番所から先が江戸城本丸だったそうで、いよいよ将軍さまのお膝元にやって来た。

ちょっぴり江戸城のおさらいをしておくと、徳川家康が入城したのは天正十八年（一五九〇）のこと。慶長十一年（一六〇六）より本格的な大改造に取りかかり、以後三〇年、家康・秀忠・家光の三代がかりで仕上げた。現在の千代田区全域に及ぶほどの巨城であって、中心部の内郭だけで七三万三〇〇〇平米。外郭は三十六見付とよばれる城門をもち、家光のときに完成した天守閣は五層づくり、高さ五七メートル。日本一の壮麗さを誇っていた。

もはやあとかたもない。石垣と櫓一つのほかは一切が消え失せた。本丸跡、大奥跡はだだっ広い芝生で、その向こうに天守閣のない天守台が、ピラミッドの土台から上をちょん切られたぐあいにそびえている。

フランスの詩人ポール・クローデルは戦前のひところ、文人外交官として日本大使を務めたことがあるが、首都をうたった詩のなかで述べたものだ。

「東京のまん中には大きな真空がある」

むろんまだ皇居東御苑などはなかったころで、別の意味で言ったのだろうが、まさしく現在の風景にぴったり。二十一世紀の巨大都市にひらけた真空である。ゆるやかな丘陵に濠でもって切り開き、石垣でかためた。気の遠くなるほどの人力エネルギーを費やしてつくりあげた真空というもの。

売店で手に入れた「江戸城本丸詳図　付大奥二之丸図」（有料）によると、本丸は「表」と「大奥」に大別され、さらに「表」は政務をとる表向と、将軍が一日の大半を過ごす中奥に分かれていた。こちらには女を入れない。

中奥と大奥の境に「御錠口《おじようぐち》」があって、杉戸で閉ざされ、そこより奥は男子禁制。つまるところ将軍というのは男だけの官邸と、女だけの私邸とを行き来して生涯を送った人である。

詳図が図解しているが、本丸は蜂の巣状に大部屋、中部屋、小部屋がひしめき合って、それぞれを大小の廊下がとりまいている。御老中や御目付などは中央に近い大部屋だが、御側衆、奥坊主、小姓組などは、はしの小部屋がわりあててある。浅野内匠頭の松の廊下の刃傷事件が示しているように、とりわけ小部屋クラスのお役目をめぐって人間くさいドラマが演じられたらしいのだ。

これまたきれいさっぱり歴史とともに消え去って、すがすがしいほどのカラっぽ。旧本丸・大奥のまわりには茶園、バラ園、桜の島、野草の島、竹林がしつらえてあって、立派なベンチが置かれている。ただあまりに潤沢な環境というのも人間を不安にさせるのか、ベンチでのんびりという人はまるきり見かけない。まるで城内のお触れにまわるお小姓のように、小ぜわしくまわっていく。

天守閣は四代家綱のころ、明暦の大火の際に焼け落ちたというが、五層の天守の燃えるさまは、さぞかし壮烈な光景だったにちがいない。幕府は財政窮迫を理由に再建しなかった。江戸の官僚は泰平の時代をきちんと読みとって、むだなハコモノはつくらなかった。

本丸跡の東かたの展望台から大東京が眺望できる。さまざまな形の高層ビルが並び立って、さながらビジネスの戦場に陣をかまえたツワモノたちの勢揃いといった感じ。江戸のころ本丸近くは御三卿田安家、一橋家、会津若松・松平家、羽前米沢・上杉家、近江彦根・井伊家など大藩の屋敷で占められていた。現在も同じで、濠沿いには東京証券取引所一部上場の大企業が居並んでいる。

売店でアイスクリームをなめていたら、いかにも勉強好きといった外国人老夫婦と目があった。たずねたそうな顔で近づいてくる。

「コレハ現在ノ〝キング〟デアルカ？」

売店の壁にかかっているカレンダーを指さした。「昭和天皇の御心を心として」とタイトルのついたカレンダーで、壮健だったころの昭和天皇と皇后が写っている。一部一〇〇〇円。

「ノーノー、スデニ地上ニイナイ両親デアル」

指で天をさして「両親」をくり返した。「先代」という英語が思い出せないので、まわりくどい表現になったわけだ。そして現天皇を見たいのならば、「皇室御一家」カレンダーの本年度用のサンプルをすすめると、興味ぶかげにめくっている。

さらに問われると厄介なので、さも用ありげにショーケースをながめることにした。それで気がついたが、菊の紋章入りの商品がいろいろと取り揃えてある。カフスセット、タイピン、チャック付小物入れ、マチ付小物入れ、本革財布、カード入れ……。「皇居東御苑セルフガイドブック」というのもあって、定価七〇〇円。

はたして売り上げ金はどこへいくのだろう？　天皇家の副収入ということは考えられないから、売店を運営しているらしい菊葉文化協会に入るものと思われる。財団法人だから、宮内庁の役人の天下り先のような気がする。昭和天皇も現天皇御一家も、こころよくカレンダーのモデルになって売り上げに協力なさっておられるらしい。

キンモクセイの匂いが漂ってきた。しっかり手入れがされているせいか、モコモコと盛り上がり、匂いもむせるばかりに強烈だ。並ぶようにしてワレモコウ、カリガネソウ、フヨウ。ヤマボウシが実をつけている。「皇居花便り」カレンダーもあるように、ここはまた巨大な花園である。くどいようだが入場無料、これほどのゼイタクな散歩コースを捨てておく手はないだろう。

大手門にもどって内堀通りを皇居外苑に向かった。右手は雄大な石垣とお濠、左手はひきもきらない車の疾走と高層ビル群。あまりに隔絶した両世界の境界上にいると、なにやら蜃気楼に立ち会っているかのようだ。今をときめく資本主義の申し子たちも、世が移ればさぞかし、つわものどもの夢の跡。ただしお濠に映る白壁と松のふぜいではなく、ひたすら荒寥とした廃址のさまにちがいない。

冬めいた空に血のように赤い夕陽がかかっていた。振り向くと、わが影がやけに長くのびている。豪勢な江戸城引き上げのもどり道は熱カンでイッパイ。なじみの店を思案しながら、夕焼けの外苑広場を歩いていった。

あとがき

東京の居候――自分では、そんなふうに思っている。十八のときにやってきて、ちょうど半世紀。職を見つけ、家庭をもち、子をつくり、気がつくと半生を過ごしてきた。都民税も市民税もちゃんと払っている。だのに、いつもこの町の居候。

人口千数百万。このヘンテコな町、大東京のおおかたの住人とかかわらない一人だろう。半身にしのばせた「お国」は、もはや淡い幻景のように遠くなった。この東京こそが自分の見つけた故里にちがいない。にもかかわらず、いつもどこか醒めている。いつも初めての町のようにしてながめている。ちょっとした用を足しながら、他人様のお世話になっているような気がしてならない。半身に永遠の居候がいる。昔は少々の悔りをこめて「イソテキ」とも言ったようだ。

この本は、そんなイソテキの散歩の記録である。半分よそ者のおかげで、どこにいても、そこは何か新しい。とりたてて何もないところに謎を見つけて、おもしろがることができる。おなじみのものに異分子を見てとって散歩中の犬のように、やにわに両耳をそば立てる。キッと立ちどまり、神妙な顔つきでクンクン嗅ぎまわる。

第二の故里へのラブレターであって、自分なりの東京論だが、「三杯目にはそっと」の作法で、したり顔した意見はなるたけつつしんだ。それでもおりおり、呟きのようなことを述べている。

まる二年間、『中央公論』に連載した。そのときのタイトルは「足の向くままいちにち散歩」だった。その間、井之上達矢さんのお世話になった。東京の雑誌『東京人』に書いた二篇が加わった。どちらも田中紀子さんといっしょだった。『ひとり旅は楽し』と同じ中公新書に入って、ひとり旅の弟分ができたぐあいだ。高橋真理子さんが面倒をみてくれた。みなさん、どうもありがとう。

数字に弱いので指を折ってかぞえる癖があるのだが、二年間連載の二十四篇と、べつの二つで二十六篇のはずなのに、何度かぞえても二十五しかない。一回分の散歩は、いったいどこに消えたのだろう？

二〇〇九年八月

池内　紀

本書は、株式会社中央公論新社のご厚意により、中公新書『東京ひとり散歩』を底本といたしました。

池内 紀 （いけうち・おさむ）

1940年（昭和15年），兵庫県姫路市生まれ.
ドイツ文学者・エッセイスト.
主な著訳書
『海山のあいだ』
『ことばの哲学 関口存男のこと』
『文学フシギ帖』
『カフカの生涯』
『祭りの季節』
『池内紀の仕事場』（全八巻）
ゲーテ『ファウスト』
『カフカ・コレクション』（全八巻）ほか

東京ひとり散歩

（大活字本シリーズ）

2015年12月10日発行（限定部数500部）

底　本　中公新書『東京ひとり散歩』

定　価　（本体 3,300円＋税）

著　者　池内　紀

発行者　並木　則康

発行所　社会福祉法人　埼玉福祉会

埼玉県新座市堀ノ内 3—7—31　〒352—0023

電話　048—481—2181

振替　00160—3—24404

印刷製本所　社会福祉法人　埼玉福祉会　印刷事業部

ISBN 978-4-86596-053-2